全媒体时代牧野文化的传承及实现路径研究

任宝旗 著

2017年度河南省高等学校哲学社会科学基础研究重大项目“全媒体时代牧野文化的传承及实现路径研究”（2017-JCZD-014）资助出版

科学出版社
北京

内 容 简 介

本书主要从三个部分来展开在全媒体语境之下的牧野文化的传播路径及策略分析。首先，本书明确了文化传播的概念及意义，在文化传播的框架之下来分析地域文化在新的媒介环境下的传播内涵，而具有典型地域文化特征的牧野文化在意义传播层面需要遵循文化传播的一般规律；其次，本书分析了在全媒体语境之下，牧野文化传播的特征及牧野文化产业发展中的瓶颈问题；最后，本书给出了在新的媒介环境之下牧野文化传播的路径选择方案。

本书主要面向对中国文化产业发展感兴趣，以及致力于研究在新的时代背景下地域文化的发展现状的读者。

图书在版编目(CIP)数据

全媒体时代牧野文化的传承及实现路径研究/任宝旗著. —北京：科学出版社，2021.3

ISBN 978-7-03-068341-0

Ⅰ. ①全… Ⅱ. ①任… Ⅲ. ①地方文化-文化研究-新乡 Ⅳ. ①G127.613

中国版本图书馆 CIP 数据核字(2021)第 044989 号

责任编辑：张 宁 赵 洁 /责任校对：贾伟娟

责任印制：李 彤 /封面设计：蓝正设计

科学出版社 出版

北京东黄城根北街 16 号

邮政编码：100717

http://www.sciencep.com

北京盛通商印快线网络科技有限公司 印刷

科学出版社发行 各地新华书店经销

*

2021 年 3 月第 一 版 开本：720×1000 B5

2021 年 3 月第一次印刷 印张：9

字数：200 000

定价：98.00 元

(如有印装质量问题，我社负责调换)

目　　录

导　论

地域文化是一定区域内独具特色的文化系统，是国家文化的重要组成部分。目前，我国地域文化的传承与传播日渐式微，相当数量的地方文化趋近消亡，尤其是在网络时代的今天，地方文化的生存与发展面临着极其严峻的挑战。牧野文化作为新乡地区的核心地方文化，是中华文化不可缺少的一部分，但是由于传播力度不足、传播方式滞后，牧野文化在众多地域文化传播中黯然失色，这对城市凝聚力的维护、城市的经济发展，以及城市的品牌建设都非常不利。本书旨在从牧野文化传播的现状出发，找出当前传播过程中出现的问题，为牧野文化寻找适合全媒体传播环境的新路径，为地方政府制定合理的文化传播策略提供依据。

一、地域文化的内涵

文化是历史的结晶，具有鲜活的生命力，一代一代地传承下来，保持了一个民族（地区）的独立性和发展力，可以说，人类的发展历史就是文化传承的历史。纵观整个社会发展历程，文化的变迁和人类的延续相辅相成、相互影响。保证文化的传承、延续和创新是整个人类的使命，而这种发展正是依靠文化的传播实现的。地域文化并不是一个全新的概念，学者张凤琦把其归结到“人文地理学”的范畴中，认为地域文化对地方经济的发展具有重要意义，是地方经济发展的重要精神动力，同时也是社会文化发展的核心凝聚力（张凤琦，2008）。白欲晓则认为，地域文化是一个内涵丰富的词语，有其结构与历史特性，不仅是一个自然地理环境所建构的空间，同时也是一个具有政治、经济、文化等元素的心理空间（白欲晓，2011）。因此，对地域文化的研究具有跨学科的交叉性和边缘性。在当前对地域文化的研究中，人们关注的焦点从物质形态的文化样式开始走向了非物质文化层面，如语言、宗教、民俗、人文地理等。对于整个人类来说，文化的传承延续了人类的发展，对于一个城市而言也是如此。文化是一个城市发展的内涵和其得以延续的根本，一个城市的格调的建立是以传统文化的传承和现代文化的容纳为支撑的。以文化作为城市建设的基本精神，并通过现代化的传播方式将其弘扬，对形成一个城市的品牌形象是极其重要的。

二、牧野文化概述

牧野文化，顾名思义即指牧野地区的文化。古代商朝时期，国都所处的安阳小屯（即现今的新乡地区）成为京畿之地，故称牧野。牧野地区自然条件优越、生存环境宜人，在这片土地上孕育出中国古代文明的同时，也产生了很多名人，发生了很多影响历史走向的重大事件。由于地处京畿，多场导致朝代更迭的战争发生在牧野地区，如导致夏朝灭亡、商朝建立的鸣条之战就发生在新乡封丘县（一说山西运城）；武王灭商的牧野之战终止了商朝的统治，开辟了西周的礼乐文明，其作战思维也对中国古代的军事理论产生了重要影响；宋太祖赵匡胤黄袍加身的陈桥兵变也发生在封丘县，如今，“宋太祖黄袍加身处”的石碑仍然留存在陈桥镇。此外，姜太公垂钓、比干剖心、围魏救赵、张良刺秦、曹操火烧乌巢、岳飞抗金等著名的传说或历史事件也大多和牧野地区相关。牧野文化囊括了新乡的历史与变迁，也印证了新乡地区独特的文化内涵。总体来看，牧野文化在新的历史时期具有以下几个特点。

（1）资源丰富、框架清晰。牧野地区历史悠久，留存下来的历史文化资源非常富足，涉及面积也很广阔，具有丰富的文化内涵，总体说来有以下几类：一是文化遗址，如龙山文化等；二是墓葬与地上文物，如潞王陵、战国墓群、战国长城等；三是宗教建筑，如西明寺、比干庙等；四是馆藏文物，如兽面纹铜方罍、陆远的青绿山水图轴等；五是古代宅院遗址，如小店河清代民居群、夏家大院等；六是非物质文化遗产，如卫辉比干祭典、中州大鼓、长垣五彩皮影戏等。

（2）文化资源分散化、缺乏相应的知名度。虽然新乡地区拥有悠久的历史和丰富的文化，但是这些文化表现出碎片化的特点，难以给人留下整体性的清晰印象。这也在一定程度上导致了牧野文化的知名度在拓展过程中受阻，无法集中、统合地去呈现。很多外地人不了解新乡文化，甚至不知道“新乡”这个地名，即使是新乡本地人也很难说清楚牧野文化到底包括哪些。

三、全媒体时代牧野文化传承的影响

（一）传统媒体与新媒体有机结合促进牧野文化及时性传播

牧野文化属于区域文化，影响力较小，知名度较低，而且呈现出碎片化的状态，所以一些文化事件很难引起传统媒体的介入和报道，这反过来又会影响牧野文化影响力和知名度的扩大，形成了恶性循环。在全媒体时代，出现了独立于传统媒体之外的很多新的媒体形式，新媒体具有个性化、即时性、互动性等特征，为信息的传播提供了更广阔的空间。经过新媒体广泛传播的事件会进入传统媒体的议事日程，从而增强报道的权威性。新媒体弥补了牧野文化在传播渠道上的劣势，使得牧野文化及相关事件能够在第一时间传播出去而被广泛知晓，而传统媒体的随后介入会增强文化事件的影响力和关注度，两者联动互补，共同形成牧野文化传播的渠道矩阵，以即时性和广泛性覆盖更多的人群。

（二）微电影、微纪实展现牧野文化美学内涵

美学是研究人类审美活动的学科，文化美学则是阐释某一文化所特有的审美观念和表现形式，并进一步解释为何形成这样的观念和形式。牧野文化呈现出很多的美学特征：一是以陈桥驿、博浪沙、小店河等为代表的历史意象；二是以万仙山、关山、八里沟为代表的自然意象；三是以古器物、古字画为代表的古文化意象；四是以红焖羊肉、辉县剪纸、比干祭典等为代表的民俗意象。

新乡当地政府已经组织过几次对牧野文化的编撰和整理工作，并且以图书的形式出版，但其影响力和波及面仍然不够。要想让更多的人了解牧野文化的形式美和内涵美，就需要发掘更多受众喜闻乐见的传播形式。而新媒体传播平台的发展以及基于此出现的微电影、微纪实等视听形式为展现牧野文化的美提供了更多的方式。微电影、微纪实是在新媒体蓬勃发展的时代产生的新型传播形式，特点就在于“微”，以微投资、微时长、微周期和微平台为主要特色，赢得了众多创作者的青睐，也吸引了相当数量的受众。通过微电影和微纪实的形式，可以快节奏、短间隙地将牧野文化的场景、器物和事件再现于受众面前，使受众从视觉和听觉上感受牧野文化的魅力，体会牧野文化的美。

在具体的创作过程中，微电影、微纪实以牧野文化为现实依托，凝练主题，而牧野文化的外在形象、精气神通过微电影、微纪实得以凸显。微电影、微纪实

在微平台上的广泛、持续传播以更灵活和受众更乐于接受的方式展现牧野文化的美、解释牧野文化的美，形成牧野文化的整合形象，让受众慢慢地感受到牧野文化的核心价值。

新乡属于三四线城市，出了河南省可能很多人都不知道中国还有“新乡”这个城市，而外省人对河南也持有一种刻板印象，因此，弘扬新乡地区独有的牧野文化无疑是提升新乡的知名度和城市形象的最佳路径。无论是武王灭商的牧野之战，还是不畏强暴的张良刺秦，抑或是赤心报国的岳飞抗金，这些事件除了有很高的知名度外，都有着值得传承的精神和文化内涵。然而很多人虽然知道这些历史人物或者历史事件，却不知道这些人或者事在新乡产生、发展。对这些历史事件、人物、古迹等深入挖掘，并通过新闻报道、影视剧、微电影、歌曲等形式将这些智慧和精神传颂出去，可以为塑造新乡良好的城市形象增光添彩，使新乡成为豫北乃至河南省的一张名片。

文化需要传递，文明需要延续，全媒体时代为文化的传播和文明的扩散提供了新的契机，我们要充分把握时代带来的机遇，不断探索新的方法，将牧野文化的历史内涵内化于新乡城市的发展与建设，使牧野大地的文明得以真正传承。

第一章　文化传播的意义

第一节　文化的概念

一、什么是文化

在西方，与“文化”概念相对应的词是 culture，来源于拉丁语，表达的意思为耕种、栽培、动植物培育，引申为对人的精神修养的教养与陶冶。在我国，“文化”是中国语言中早就存在的词汇，“文”的本义指各色交错的纹理；“化”的本义指变易、生成、造化。“文”与“化”合并在一起，较早见于战国末年的《周易·贲卦·彖传》：“刚柔交错，天文也。文明以止，人文也。观乎天文，以察时变；观乎人文，以化成天下。”（周文王和孔子，2017：86）从这段话可以看出，“文”从纹理演化而来，“人文”与“天文”并立，“天文”表示日月往来交错，“人文”则指生活中人与人之间纵横交织的关系。东西方所使用的语言虽然不同，但 culture 和“文化”都同时反映了文化的本质，即人化以及文化的主体，即人的文化。

文化，是人类进入文明时代以后，一直依托且不断创造的精神文明的产物，但是当我们想要对它有一个具体的描述时，却发现“它除了不在我们手里以外，它无所不在”（转引自殷海光，1988：26）。于是，学界对文化的界定，莫衷一是，世界各地不同的学者从不同的视角出发对其展开阐释。英国著名的人类学家爱德华·泰勒（Edward Taylor）把文化归纳为整个生活方式的总和，并对“文化”下了如下定义：“从广义的人种论的意义上说，文化或文明是一个复杂的整体，它包括知识、信仰、艺术、道德、法律、风俗以及作为社会成员的人所具有的其他一切能力和习惯。”（泰勒，1988：1）美国文化人类学家 A. L. 克罗伯（A. L. Kroeber）和 C. K. 克拉克洪（C. K. Kluckhohn）对“文化”的定义在国外影响范围较广，他们说："文化由外显的和内隐的行为模式构成，这种行为通过象征符号而获致和传递，文化代表了人类群体的显著成就，包括它们在人造器物中的体现；文化的核心部分是传统的（即历史地获致和选择的）观念，尤其是它们所带的价值，文化体系一方面可以看作是活动的产物，另一方面则是进一步活动的决定因素。"（转引自傅铿，1990：12）

二、文化的特征

（1）人为性。这一特征为人类所特有，是人区别于一般动物的屈从于本能而行事的主要标志。

（2）群体性。文化产生于集体活动中，为一定社会群体所共有，并对这个群体的个体与共同体产生示范、规约作用。

（3）继承性。文化一旦形成以后是很不容易消失的，且可以世代相传，长久地留存下去，但是在这一过程中，文化可能会随着时代的变迁发生变异、转型、革新，甚至消失。

（4）多样性与异质性。物质形式的多样性决定了基于物质的文化的多样性。不同的民族、国家在长期的生存、生活、生产过程中因为时间、空间的迥异塑造了截然不同的特色文化，文化的异质性使得多元的文化得以被识别和区分。

三、文化的构成

文化的构成可以简单粗略地划分为物质文化、精神文化和制度文化，这种分类已经得到了学界众多学者的普遍认可。

梁漱溟（1999）曾经为文化做了一个界定，即文化是一个民族生活的种种方面，并将这个抽象的界定具体细分为三个方面：①物质生活方面，如饮食、物质生产等。②社会生活方面，如社会组织、伦理习惯、政治制度及经济关系。③精神生活方面，如宗教、哲学、科学、艺术等。宗教、文艺是偏情感的，哲学、科学是偏理智的。

1. 物质生活方面

物质生活方面的文化是人类文化中最基本的组成成分，主要是指能够直接满足人的基本生存需要、生理需要的文化产品，是人类文化的物化形式。物质生活方面的文化所包含的领域是十分宽泛的，其中包括人类生活的衣食住行、生老病死等各个方面，全球各个地域、民族、国家的饮食文化、服饰文化、建筑文化、医药文化、传统手工艺文化等都可以归属于这个范畴。

2. 社会生活方面

社会生活方面的文化强调的是制度文明，“关系”是这一层次的核心概念。主体间性的交往关系可以涉及经济制度、教育制度、企业制度、婚姻制度、宗族制度等，马林诺斯基（1999：65）曾指出：“制度乃是文化分析的真正单元。”宗亲文化、礼制秩序、风俗习惯、婚姻关系、血缘地缘、教育模式、商品交换方式等均属于这一范畴，如具有中国乡土特色的家庭、氏族、邻里、街坊、村落等社会圈子以及家庭伦理就与西方以两性感情为家庭凝合力量的家庭伦理关系完全不同，展现出不同的家庭格局与伦常文化。

3. 精神生活方面

精神生活方面的文化对应于人的精神文明，关注最多的是意识、观念、理论等精神层面的内容，如宗教、哲学、科学、艺术等。这些内容的存在形式不如物质文明和制度文明那样容易感知，其中的一部分内容可以通过其他两种文明进行再现，但是更多的内容则是渗透在国家、民族的集体无意识当中。

可以说，社会生活方面和物质生活方面的文化更加外显，而精神生活方面的文化相对更加内隐。精神文化在很大的程度上需要借由物质文化和制度文化来进行呈现，并得以具象化。比如，就特色美食而言，独特的食材、烹制手法等属于物质文化，民族的秩序与风俗则属于制度文化，但是就餐的仪式、餐具的色彩搭配、食材获取的方式等细节又是该民族、该群体信仰追求、艺术品位、哲学思考的符号化体现。

物质文化的发展比精神文化、制度文化都更加丰富，也是整个文化中最活跃的要素，它是衡量一个民族或一个时代的文化发展程度的外在标识。制度文化反映的是人与人之间的关系，一旦形成以后就会成为一种约束特定民族或群体的行为规范，相对稳定。而精神文化则是文化的核心部分，一个民族、国家在相当长的历史环境中积淀而成，是文化变迁中最难异质的部分。

第二节 文化传播与人类发展

一、文化对于人类的意义

人类与文化相互影响，人类创造了文化，在文化中生活，但是同时又要受到文化的约束和影响。

一位埃及文化学者在描述文化对自己的改变时曾说："在某些方面，我曾经是一个'激进的保守派'，我的衣着方式总是传统的。当我第一次看到我的儿子穿着牛仔裤时，那种震惊几乎令我发抖。……他直到25岁时还坚决拒绝抽烟，可现在他一天抽两包万宝路。更糟的还在后头。过去我认为根本不可能发生的事居然在我身上发生了，要抵抗它们甚至比坚持左翼运动更难。在我71岁时，我居然也习惯了穿牛仔裤和耐克鞋。我也开始听摇滚乐、牙买加节奏音乐。我也开始喜欢光顾迪斯科舞厅，有时我还会有其他的一些欲望和未来的想法，尽管在此之前我成功抵御了它们的侵袭。我知道这些东西已悄悄溜进了我们的生活，通过传媒，通过电影、电视、广播、广告、报刊，甚至小说、诗歌、音乐、美术的娱乐，通过真实的虚拟世界。这就是文化，这就是我们生存的文化处境，它正四处伸展，从过去向未来、从未来向过去，席卷全球。"（晓蔚和李远强，2006：67-68）

上面这位埃及学者的描述让我们看到，光顾迪斯科舞厅的行为不知不觉地改变了他与人交流的圈子，广告的侵袭让他拥有了对物质的欲望，异域音乐刷新了他的灵魂世界。文化对他的影响从穿着、饮食等一些基本的生活方式开始渗透，开始改变，一直到生活习惯和价值观念等深层的精神内容。这种影响并不是强制的、具象的，而是潜移默化的、不知不觉的。由此，我们看到文化对人的影响是非常大的，主要包含了以下两个方面。

（一）文化塑造人们的生活大环境

人类是群居动物，每个族群都是独立的、有差别的，都有一套自己的行为规范，日常行为、饮食习惯、建筑风格都是不同的文化体现。民族和民族之间、国家和国家之间、地域和地域之间由于文化背景的不同而给世界增添了多姿多彩的绚丽内容，可以说，文化是民族的生存模式。人便是在这样的文化中出生、成长、生活、获得成就的。特色各异的文化，也使得世界两端的人们因此而感到与众不同。当我们置身于历经淘洗而一脉相承的文化背景中时，我们才能找寻到无以替代的安全感和归属感。

（二）文化影响个人的行为方式

关于文化对个人的影响，美国学者菲利普·巴格比（Philip Bagby）在《文化：历史的投影——比较文明研究》中对文化的定义对我们有所启发："'文化'，就是'社会成员的内在和外在的行为规则，但要剔除那些在起始时已明显地属于遗传的行为规则'。"（菲利普·巴格比，1987：100）

从某种意义上来说，个人的修德与素养便是文化这把刻刀雕琢之果，它给生活在某种文化中的人打上了独有的文化烙印，塑造其思维习惯、生活方式、价值观念等。在特定的文化环境中，可以说，文化帮助人们成为一个合格的社会人，帮助一个人完成其社会化。

二、文化传承与文化传播

人是文化的人，人总是生活在文化中。文化的体系非常丰富、多元，它包含了哲学、科学、艺术等多样的文化形式，文化价值理念、性格结构、文化心理等构成特定民族的文化模式。这些文化形式与模式一旦生成，就会在以下两个维度上进行发展。

（一）文化传承

文化一旦形成便会具有相对稳定性和持久性的特性，通过一代又一代的文化主体进行传递，使得已经形成的文化现象、文化模式在历史长河中得以继承和发扬。

（二）文化传播

文化传播特指在同时代背景下，不同文化之间的相互融合、排斥、交流。无论是在远古还是在当代，文化传播一直都是人类重要的社会活动，超越了动物的本能需求，是文化的基本表现形式。文化传播的方式也多种多样，包括物品交换、宗教传播、科技交流等。这些传播样式同时发生，彼此之间并不存在排斥性。著名的丝绸之路是一条独具特色的文化交流之路，它建立在商品交换的基础上，使文化习俗、风尚、生活方式等在民族间得以逐步交流和融合，促进了不同民族间的文化传播。

在文化传播与交流的过程中，特定文化主体也会获得文化反省，进一步促进本民族、国家文化的发展，对文化传承又起到推进的作用。

第三节　地方文化传播与城市品牌建设

改革开放以来，中国城市迅速发展，特别是 1996～2019 年，中国的城市化率有较大突破；2012 年以来，中国城市化率有所下降，进入一个质量提升与速度并重的阶段①。在此期间中国的城市化发展速度是同期世界城市化平均速度的 2 倍左右。世界各国城市化的进程各不相同，从 20%到 40%的城市化率，英国经历了 120 年，法国是 100 年，德国是 80 年，美国是 40 年，苏联是 30 年，日本是 30 年，而中国仅仅用了 22 年（段继业，2013）。中国的城市化进程以每年制造两个波士顿城的速度进行。中国政府已将“城市化战略”列入发展规划，作为 21 世纪中国实施现代化第三步走的重大措施之一。目前我国城市化仍然明显低于世界平均水平和同等工业化国家的水平，未来 5～15 年甚至更长时间是我国城市迅速扩张的时期。②城市化发展趋势对城市的竞争力提出了新的要求，一个难以拒绝的事实是，城市建设与形象推广处于同一制高点，城市形象是城市软实力的主要表现，对城市发展的意义重大：对内，它有利于更好地凝聚人心，形成合力；对外，它则有助于增强吸引力，提升城市在各方面的综合竞争力。

在这样一个宏观背景下，如何调动各方力量塑造城市形象并解决好这一过程中出现的问题与矛盾，就成为每个城市发展的题中要义。

在传统的农业社会和工业社会里，人力、财力和物力三大资源被普遍认为是社会发展的基本要素。然而，随着信息社会的到来，有关无形资产的理论和产业经营也逐渐繁荣起来，将人、财、物、信息和形象并列的“发展五要素”理论正

---

① 徐林，范毅. 改革开放四十年中国的城市化. http://bijiao.caixin.com/2019-01-22/101372731.html. 2018-12-01[2021-03-04].

② 陈柳钦. 我国城市化进程中的非健康因素. https://www.globrand.com/2009/238295.shtml. 2009-04-19[2021-03-04].

在成为社会发展的理论指导，该理论明确提出，形象设计与形象管理水准的高低将会对区域发展起决定性作用，这在很大程度上提升了以精神取向、价值理念、行为规范等为主体的形象建设在学术层面和政治层面的关注度。对于我国而言，当下对于对外形象传播的研究，在国家对外形象和城市对外形象传播研究的层面已经开展得如火如荼，而对于处在国家之下、市级之上的省级区域对外形象传播的研究，可谓少之又少。

在我国当前的国情下，每一个省份都是由其下属城市群组成的，因而在研究省级区域对外形象之前，首先要明确有关城市对外形象构建的若干问题。

一、什么是城市对外形象？

城市对外形象是指外部公众对该城市的建筑、风景名胜、文化教育以及市民的行为举止等城市内在实力和发展前景的具体感知和综合评价。它涵盖了物质文明、精神文明和政治文明三个领域。城市理念、城市行为和城市视觉识别是城市对外形象建设的三个重要组成部分。

（一）城市理念

城市理念指城市独特的价值观、发展目标、城市规划、文化内涵等，是城市的“大脑”和城市形象的核心。城市理念融合文化形象、城市定位、社会经济发展等内容，沟通、凝聚城市居民的思想认识，影响城市行为的价值取向，激发公众积极进取。城市理念的主要表现形式包括城市性质、发展战略和规划、城市文化等。城市性质反映城市的历史方位和时代要求，构成城市理念的基本内容和出发点；城市发展战略和规划具体表现为不同时期的发展方针和指导思想；城市文化指城市发展历史的延续、文脉的承接以及市民精神状态等。城市理念经过高度概括和升华而成为城市精神。目前，在对外形象传播战略中，不少城市已确立了明确的城市精神作为城市发展主导纲领，如南京的市民精神是“开明开放、诚朴诚信、博爱博雅、创业创新”，杭州的城市精神是“精致、和谐、大气、开放”，苏州精神则定位在“崇文睿智，开放包容，争先创优，和谐致远”。总而言之，城市理念的确立是城市对外形象传播的核心，只有在正确的城市理念的指导下，始终明确城市精神的内涵，再配合以行之有效的措施，才能真正实现城市“走出去”的良好愿望。

（二）城市行为

城市行为，是在城市理念识别基础上的行为表现和重要特征，是城市的“所作所为”，是对城市做了什么、正在做什么和将要做什么的基本印象，主要表现为城市内部的组织管理及活动，如围绕经济增长、社会发展、科技进步、政府政策、文化宣传、体育健身、环境保护等进行的活动，尤其是有利于突出城市形象的广告、宣传、博览、体育赛事等让市民甚至更大范围的民众产生识别的活动。城市内部对群体、个体的组织管理、教育，改善投资软硬环境、生活环境，以及为环境提供的优质服务活动等为对内行为识别；对外宣传、广告活动、招商活动、公益性活动、公关活动等面对城市外部的活动为对外行为识别。

在城市行为中，有两种行为不得不提，一是城市的经济行为，二是市级政府行为。就城市的经济行为而言，城市是国民经济的主要载体，经济是国民生产生活的命脉。在城市对外形象构建中，经济形象的强弱直接关乎城市的“底气”。在长期发展中，由于人口、环境、地理位置、自然资源、规划目标及经济行为侧重点的差异，各个城市逐步形成了各具特点的经济结构、功能定位和支柱产业，如南京有“中国软件名城”之称、长春有“汽车城”之称等。城市的经济行为决定了城市经济形象的树立，城市经济形象的树立则有利于让外部了解城市的发展定位和经济优势，有利于城市本身整合各方资源，突出先进产业，吸引国内外资金、技术和管理资源，从而推动城市的经济增长和社会进步。

就市级政府行为而言，政府的基本功能就是维护社会公共利益，解决社会公共问题，保证社会的进步与发展。市级政府相对于其他政府机关具有一定的特殊性，他们的作为与否直接关系到普通民众的衣食住行，从而影响到良性城市形象的构建。时任国务委员兼国务院秘书长罗干提出：“要把政府职能切实转变到宏观调控、社会管理和公共服务方面来……”[①]因此，如果政府行为能够为人民办实事，则有利于社会的和谐稳定，反之，政府形象甚至城市形象就会受损。从另一个层面来讲，政府工作人员的行为作风在很大程度上代表着政府行为。普通公众由于很难了解到政府的全貌，因此他们眼中的政府形象很大程度上就是与之接触的公务员形象。政府公务员的言行作风就是公众评判政府行为的基本依据。

① 罗干. 关于国务院机构改革方案的说明（1998）. http://www.npc.gov.cn/wxzl/gongbao/1998-03/06/content_1480093.htm. 1998-03-06[2021-03-04].

（三）城市视觉识别

视觉，作为人把握和感知世界的主要手段之一，较之其他传播方式，其主要优势在于可以突破不同国家和不同民族之间的语言障碍，用图像进行传播和交流，从而极大地促进文化的互动。城市视觉形象是城市的外在表现，是城市形象最直接、最有形的反映，是城市的“体形、面孔和气质”，更是一座城市的与众不同之处。城市视觉识别是人们认识一个城市最直接的办法，其构成要素可以是市徽、市花、市旗、吉祥物，也可以是富有特色的旅游景点、建筑、绿地等。周大鹏先生在《浅谈城市（区域）形象与其视觉识别》一文中甚至将城市名称也归入其中：城市视觉识别的形成往往以城市的历史文化为背景，以城市的理念识别为基础，以城市的行为识别为依托，向公众直接、迅速地传达城市特征信息，形成城市形象识别的底色。比如北京市选择灰色作为城市的基调色彩，既与传统的四合院的主色一脉相承，又显示出了中国政治中心稳健、庄重的形象（周大鹏，2006）。

打造良好的城市视觉形象要综合考虑城市自身的自然地貌特点和历史文化因素，坚持美的原则，突出地域性和民族性，科学设计和规划城市的色彩、布局、建筑风格等，统一安排点、线、面等诸要素，让城市视觉景观给人充分的美感，表现出城市独特的文化底蕴。

按照城市理念、城市行为、城市视觉识别三个子系统的基本思维来理解和识别城市形象，对于科学把握城市形象的演变规律，认识城市对外形象建设与城市经济社会发展的互动关系，以及不断提高城市发展的活力和魅力具有较强的指导性和可操作性。

二、城市品牌的内涵与双重属性

城市是对人类生活空间的重构，是城市人群走向社会化的“公共空间”。人在本质上是符号化的存在，即文化的存在。城市形象就是这种人为性、群体性、历史性城市文化（包括物质文化、制度文化与精神文化）的直接体现。城市绝不仅仅是单个人的集合体，也不是多种社会设施——诸如街道、建筑物、电灯、电车、电话等的集合体，城市是各种礼俗和传统构成的整体。这便构成了城市形象的属性之一——文化属性。

同时，随着世界城市化进程的不断加速以及城市间竞争的日益凸显，城市形象的概念被逐渐引入营销学领域，城市形象成为品牌，变得可以被消费。城市文化品牌识别系统（City Culture Identity System，CCIS）理论将城市形象划分为三个方面的内容，即城市理念识别系统（City Mind Identity System）、城市行为识别系统（City Behavior Identity System）和城市视觉识别系统（City Visual Identity System）。西蒙·安浩（Simon Anholt）在《铸造国家、城市和地区的品牌：竞争优势识别系统》一书中将抽象的城市品牌进行了详细的分解，提出了城市品牌指标六维度模型（图 1-1）（西蒙·安浩，2010：56），使得城市品牌的营销内容进一步具体化和明晰化。城市形象像商品一样拥有品牌价值，这便是城市形象的另一属性——商品属性。

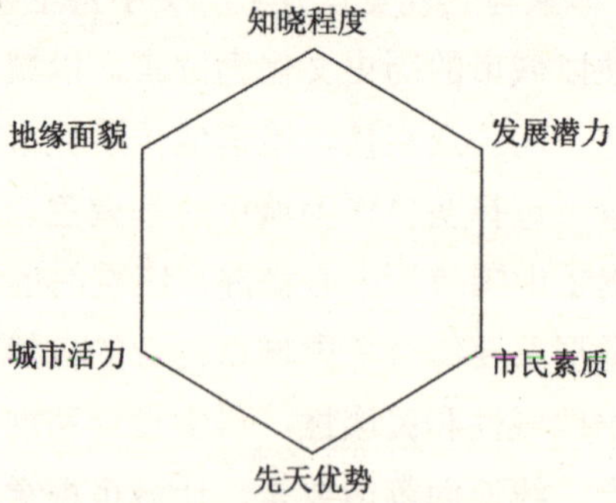

图 1-1　城市品牌指标六维度模型

“城市形象是人们对城市发展的客观形势的主观反映，是人们对一个城市的物质景观、基础设施、经济发展形势、社会面貌、政治表达及历史文化做出的总体分析和全面评价。”（钱志鸿和陈田，2005：67）城市形象的双重属性，使城市形象具有了独特的二元结构，成为包括硬件与软件、物质与精神、有形与无形的有机结合体。

三、地方文化对外传播的时代价值

（一）有利于改良城市的国际舆论环境

舆论环境是在政治环境、经济环境之后又一种对国家利益和区域发展有着重大影响的环境体系，表现为外部社会、外部公众和新闻媒体对一个国家或一个区域的评价。当前，我国各个省份的建设正在全球化的背景下进行。在全世界范围内流动的资本、信息、技术、人才等给省级区域的进步带来了前所未有的契机，同时也对省级区域能否抓住机遇、规避风险、抢占竞争中的有利地位提出了挑战。

全球化时代的中国省级区域需要良好的国际舆论环境的强有力支撑。国务院新闻办公室原主任赵启正说："谁占领了舆论的制高点，谁就有可能赢得国际社会和广大公众的理解和支持，把握先机和主动。"（赵启正，2004：2）对于一个城市来说，对外树立良好的形象，就是争取世界各国的公众和媒体对本区域的方方面面做出正面的评价，让本区域给本国外区域和外国的公众留下美好印象，从而对省级区域的国际舆论环境产生正面的影响，为本省级区域积聚全球资源，参与全球竞争服务，为省级区域的发展进步服务。

（二）有利于提升城市竞争力

中国当下快速发展的环境中出现了省级区域之间的激烈竞争。各个省级区域面对知识经济、经济全球化和资本国际大转移的大趋势，都在努力争取获得更多的国内、国际资源，以及市场和其他生产要素。而省级区域形象的改善和优化，可以提高其综合竞争力，并使其在竞争中取得优势地位。因此，树立良好的省级区域对外形象，已成为越来越多人的共识。

当前我国处在工业化后期，工业化、信息化都在快速推进，省级区域的竞争力也同时含有工业化时代和信息化时代的要素，一方面表现为工业资本、原料、劳动力的积聚、生产、交换的能力以及相应的物流水平；另一方面表现为吸引、获取和利用知识、人力、科技和管理资源，并把这些资源转化成价值的能力。无论是工业化时代还是信息化时代的省级区域竞争力，都与其形象息息相关。如果一个省级区域中诸城市群给外部的印象是"工业基础雄厚，交通便捷"，那么就有更多的机会吸引国内外工业投资项目和物流项目；如果一个省级区域给外部的印象是"科教水平较高，环保出色"，则可能促使更多的研发机构和高级人才来落户。此外，优美的风景、良好的生态、稳定的治安、完善的设施、文明好客的内部公众等公认的省级区域正面形象，更是任何一个省级区域都希望拥有的。总之，树立良好的省级区域形象，能够让省级区域发展进步的环境得到改善，吸引外部资源的能力不断增强，从而提高整个省级区域的竞争力。

四、城市品牌构建的基本原则

（一）系统性与个性化相结合原则

省级区域对外形象的构建是一项复杂的工程，必须要有演绎性的系统规划，在价值层面、目标层面、行为层面、视觉层面上进行系统的设计，是传统与现代、共性与个性的有机结合。目前学术界将区域形象系统细分为六大系统，即区域理念系统、市民行为系统、视觉景观系统、民俗风情系统、经济发展系统、社会消费系统。其中区域理念系统是统领，经济发展系统是保障，民俗风情系统是个性，市民行为系统、视觉景观系统及社会消费系统是主体，这六大系统必须相辅相成、互助互补，有共同的目标和实施方案，才能使省级区域形象作为一个有机整体来构建。

省级区域对外形象的开发在保证系统性的同时，也要根据其下属城市自身的特征——如自然条件、传统文化、经济实力、发展战略——的不同，突出城市间的差异性。差异产生特色，特色强化吸引力。城市形象的最大魅力来自与众不同。抓住省级区域中城市群形象的特点和优势来确定新的城市形象定位，是城市对外形象传播能否成功的关键。

实现省级区域个性化对外形象构建的方式通常有以下两种：一是利用省级区域内城市群的旅游风光、历史文化积淀等优秀资源，以其作为对外形象传播的重点，同时突出各下属城市的地方特色；二是为省级区域设计印象标志。省级区域形象的重要功能是为复杂的城市群系统提供一种经过升华凝练的印象标志，使人们透过现象把握本质特征，把一个省份与其他省份区别开来。因此，标志的设计应既鲜明、简单、易于识别，又内涵丰富，容易使人产生联想，并要带有明显的地域性特色，由此它便真正成为个性化省份的象征。

（二）政治淡化和人文强化原则

政治淡化和人文强化原则即在进行省级区域对外形象传播时，少一点政治内容，多一点人文关怀，以“报道事件化、事件故事化、人物情节化”为指导，避免直白的政治宣讲，更多地从人文关怀的角度出发，从普通人的视角去观察社会，以小见大，以人为本，才能更容易被其他国家和地区所接受。

（三）真实、准确与及时原则

真实原则指在省级区域对外形象传播中，尽量通过客观报道、提供客观事实来达到传播目的。真实原则是传播的本质要求。根据美国传播学者卡尔·霍夫兰、A. A. 拉姆斯丁和 F. D. 谢菲尔德的研究结果，同时接触到正、反两方面观点材料的受众，相比只接受一方面观点材料的受众，抵抗反宣传的能力大大增强，这就是“两面提示”的免疫效果。因此，平衡报道省级区域在发展过程中的正、负面问题，有助于外部受众全面认识该省级区域现状，也有助于提高省级区域对外媒体的公信力。

准确原则要求媒体报道、传播的信息要尽量贴近客观事实，数字要尽量精确，避免或减少错误，少用概括化的语言。量化的数据有助于外部公众相信传播的真实性，但过犹不及，因此在努力做到准确的同时，也要避免数字混乱现象的出现。只有用准确的语言在恰当的场合表述真实的事实，才能真正体现出准确原则在省级区域对外形象传播中的重要作用。

及时原则指在第一时间获得话语权，尤其是国际话语权。因此，省级区域内信息的对外传播要非常注意及时性，好消息要及时传播，突发事件的消息也要及时传播，尽量迅速地向省外及海外媒体提供权威的声音，掌握对外传播的主动权。

（四）长期性原则

努力提高省级区域内公众的思想境界和文明素养，要将省级区域形象战略的实施贯穿在区域内部公众自觉的形象意识和公众行动之中。内部公众既是省级区域形象的体现者，又是其创造者，内部公众的素质决定省级区域形象的品位，省级区域形象的品位反过来又影响内部公众的素质。以往对省级区域发展的测评，更多关注的是物的因素，对人的因素关注甚少，以至于无法解释城市形象令人忧虑之因。应当承认，当前省级区域的发展并没有同步地带来其内部公众素质的全面发展，反而造成了人本身的多重异化。可见，省级区域在发展中应该把提高内部公众素质作为实施城市形象战略的关键。提高内部公众素质本身就是一项复杂的长期工作，因此，实施省级区域形象战略必须着眼于长久，不宜急于求成，不能搞短期行为，尤其不能把形象建设变成“门面装饰工程”。

五、传播学视域下的城市形象传播模式建设

城市形象的文化属性使城市形象拥有了时间与空间的伸展维度，文化的传承与交流、文化的创新与碰撞都需要在传播活动中开展。而当城市形象具体化为一件特殊的商品时，它就会像普通的商品一样具备生产、流通、交换、消费等过程，同样需要符合营销传播的大环境。所以，对城市形象的塑造与稳固是一个长期过程，其漫长的建造成型固然是一个必然的前提条件，但是在信息化时代，后期的形象推广

与前期的形象设计同样重要，二者应呈现一种同步螺旋上升的状态。在社会信息化的大背景下，城市形象的推广，其实质就是各种城市相关信息的传播。

（一）城市形象传播涉及的基本传播要素

按照传播学的相关理论，一项完整的传播活动的进行必须具备传播者、传播内容、传播媒介、接收者、反馈等基本构成要素。具体到城市形象的传播活动，传播者则指包括政府、企业、社会组织、市民等个人或群体，他们是城市形象符号的主要编码者；传播内容指各种与该城市相关的符号和意义，这里的符号既包括各种语言符号，也包括涵盖体态符号以及物化、活动化、程式化符号等的非语言符号，语言、文字、声音、城市建筑、饮食、消费方式、生活习惯等都是构成城市形象的主要符号；传播媒介指为推广城市形象而选择的恰当的传播媒体以及媒体发布信息的具体方式；接收者指的是城市形象信息内容的关注者和消费者，按照规模可以划分为国际区域、国家、区域、组织、个人五个层次；反馈是传播过程中最易被忽视的一环，城市形象的传播活动强调对目标受众、泛化受众接收及使用信息情况的调查与追访。

（二）城市形象传播的模式

城市形象的传播囊括了大众传播、组织传播与人际传播等多种类型，同时，城市形象的传播横跨传统媒介和新媒介两大阵营，传播媒介是传播活动得以顺畅进行的中介，全媒体时代为传播工具的选择提供了众多可能性，包括电视、报纸、杂志、广播、户外媒体、电影、网络、手机等媒介，传播方式涉及公关、广告、新闻、口碑、体验、事件等多种方式。按照传播过程理论，一个基本的城市形象的传播过程可以概括为如下传播模式（图 1-2）。

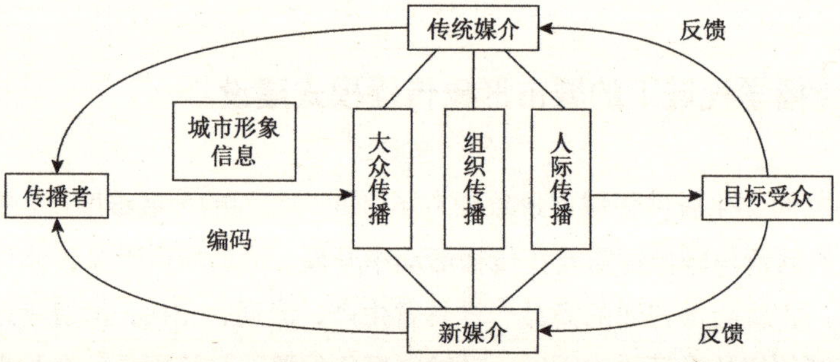

图 1-2　城市形象传播模式

资料来源：周凯和庄鹏（2012：140）

（三）城市形象传播模式的复杂性及几种传播策略

不同的传播类型适用于传播过程各要素的不同组合，城市形象的传播是传播各要素和谐运行的过程，城市形象传播要素的多元化造成了传播模式的复杂性。城市形象传播模式的确定既包括传播主体的确定、传播内容的编码、传播媒介的选择、传播对象的细分，也包括各种传播要素力量的最恰当配比，使受众在信息接收上获得最有效的使用与满足（周凯和庄鹏，2012：140），见表1-1。

表1-1　城市形象传播策略

传播者形象定位	传播内容	传播对象	传播类型	传播媒介	传播方式
城市作为一个整体形象	城市的整体风貌（政治、历史、文化、经济、生活、教育等全方位）	泛化受众	大众传播	电视、报纸、杂志、广播、户外媒体、电影、网络、手机等	宣传片、公关、广告、新闻、口碑、体验、事件等
政府作为一个整体形象	政府的执行力与管理能力	泛化受众；域外企事业单位	大众传播	电视、报纸、杂志、广播、网络、手机等	宣传片、公关、新闻、事件等
政府官员作为个人	执政人员的素养与魄力	泛化受众；域外企事业单位	大众传播 人际传播	电视、报纸、杂志、广播、电影、网络、手机等	公关、新闻、事件等
企业以及各类社会组织作为一个整体形象	城市的经济、文体活力	泛化受众；域外企事业单位	大众传播	电视、报纸、杂志、广播、电影、网络、手机等	宣传片、公关、新闻、口碑、事件等
企业以及各类社会组织作为个体	个别企业的知名度、美誉度	泛化受众；域外企事业单位	大众传播 组织传播 人际传播	电视、报纸、杂志、广播、户外媒体、特色产品和服务、电影、网络、手机等	宣传片、公关、广告、新闻、口碑、体验、事件等
市民作为一个整体形象	城市的生活方式、市民素质	泛化受众	大众传播 人际传播	电视、报纸、杂志、广播、电影、网络、手机等	宣传片、新闻、口碑、体验、事件等
市民作为个人	城市的生活方式、市民素质	泛化受众	人际传播	书信、短信、电话、微博等	口碑、体验、事件等

资料来源：周凯和庄鹏（2012：140）

六、城市形象推广细微处的传播学提示

（一）媒介创新——全媒体时代城市形象传播的关键指向

1. 借助新媒体的势能

城市形象的传播始终存在传播途径的缺陷，即过分依赖传统媒体，而对新媒体的利用畏首畏尾，没有真正使城市形象传播跨入全媒体时代。对城市形象的传

播，除了充分利用传统媒体的公信力外，也要大胆借助新媒体的势能，发挥新媒体独有的传播效果。

对网络媒体的运用，很多城市还只是停留在制作一个精美的城市形象推广网站上。这种官方网站最大的优点是信息权威且全面，但是也存在信息更新缓慢、点击率低、反馈滞后、缺少受众细分等弊端。信息的本质就是用来消除人的不确定性，城市核心形象一旦确定，应该保持统一和持久，但是充满活力的城市形象是由若干变动着的信息构成的，如果提供的信息长期固化，缺少变动和灵活性，就完全丧失了信息的本质特性，自然不能满足受众对信息的需求。

所以对于城市形象传播的网络媒体而言，首先，要加强对官方形象传播网站的维护，保持常看常新，展示城市的活力；其次，可以借助更多其他的网站平台，如新华网、新浪网、凤凰网等知名网络媒体都设有专门的城市板块，依托于国内较大的门户网站或资讯网站，对城市形象相关信息的捕捉、制作、发布和更新的速度更快，网民参与度更高，信息反馈更及时；最后，手机媒体的网络化使人类进入自媒体时代，微博依然是当前非常火爆的信息传播方式，也是城市形象传播可以充分延伸的路径。例如，“新浪城市”微博就特别策划了“遇见体”城市话题，像“如果我在银川遇见你，一定带你去……”“如果我在南京遇见你，一定带你去……”等，引发了微博粉丝极大的参与热情，有效地传播了城市魅力。

2. 媒介不只是载体

媒介是传递信息的介质，同时，马歇尔·麦克卢汉告诉我们，媒介即讯息。地方媒体本身的形态、风格、质量等参数也是参与城市形象建构与传播的重要指标。很多人也许没有机会亲自接触城市本身，省级卫视以及地方卫视的台标、节目安排、主持人风貌就成了他们初步了解该城市的窗口，例如，湖南卫视抓住年轻、娱乐、时尚等主题塑造媒体风格，使长沙华丽转型为全国娱乐中心，湖南卫视主持人对长沙话的推广使长沙话日益风行，很多学子也因为湖南卫视强大的影响力而选择去湖南读大学；另一座城市武汉也因为《知音》《特别关注》等杂志的风行而令江城的码头文化增添了些许现代人文气质。这就是媒介本身所表达的信息，是城市形象的重要组成部分，信息量巨大且效果显著。

（二）信息维护——增加“拟态城市形象”与“现实城市形象”的重合度

美国著名传播学家沃尔特·李普曼曾将人类生活的环境划分为“拟态环境”

和“现实环境”两个部分，并指出现代社会由于社会生活日渐复杂化，人们没有足够的精力事必躬亲，很多时候都是靠媒体提供的各种信息去感知和了解社会环境的，有学者也把这种透过传媒了解到的世界面貌称为“传媒镜像”。但是这面镜子反射出来的环境已经是经过媒体加工后的环境，与现实环境之间存在着或大或小的差距。人们通过这面镜子看到的世界就像在哈哈镜中看到的一样，会影响人们认知社会、进行决策、采取行动的判断力。

城市形象进入传播领域后成为信息产品，由于推广和宣传的需要，很多城市的媒体形象会出现或夸大事实或隐藏信息的变形，如此传播的形象会在目标受众心里形成较为深刻的传媒镜像，如果传媒镜像和现实城市形象相吻合，自然会加深目标受众对该城市形象的好评；而如果传媒镜像和现实城市形象相差较大，即当人们有一天真正身临其境，却发现事实并非如心中所想时，心理落差会使人们对该城市形象产生明显的逆反与不满情绪。比如有些新兴旅游城市打出了很有气势的宣传口号，在央视、地方卫视以及各类杂志等媒体上均有大量广告投放，很多游客慕名而来，却发现该城市的历史古迹和自然风光虽然很有特色，但是由于管理上不到位，很多人为景观衰败，城市卫生不达标，服务业发展迟缓，因此大量游客流失，更重要的是，城市形象的再推广陷入了困境。同时，由于大众传播具备匿名性，在城市形象的传播中会出现个别意见领袖对信息的误导，例如，有些人群在并未直接接触过该城市的情况下，对该城市做出严重失实的信息传播，使目标受众对该城市产生不必要的恶性刻板印象。

每一个人都不是信息接收的终点，而是再次传播的载体。所以，不管是哪一种心理状况的产生，都会影响受众作为二次传播主体对城市形象信息进行的二次或多次传播。面对信息传播过程的复杂性，信息维护就显得格外重要。信息维护既包括信息的搜集、加工、发布与传递，也包括对信息的跟踪、矫正、反馈与更新。这就要求城市形象的主要传播者建立信息管理的专门职能部门，及时观察拟态环境与现实环境的差异，及时扫清传播过程中的噪声与干扰，消除传受双方之间的传播隔阂。

（三）接触点传播——克服大众传播的极限与局限

随着媒介载体数量的不断增加，信息传播的环境变得越来越嘈杂，信息接收者的关注点被高度分散，信息消费也日渐细分化，之前风行一时的千人一面的大规模信息轰炸方式已经越来越暴露出其软肋。这就要求传播主体在传播时更加细腻化，即在传播活动中，传播者在所有可能的接触点与消费者进行信息沟通与价值转换，实现传播在每一个细微之处的渗透。这也是营销传播方式的新宠之一——接触点传播的核心理念。

城市形象虽然是作为一个价值综合体浮出水面的，但却是由若干个物化、活动化的细微环节所组成的，每一个细枝末节都可能牵涉部分信息消费者的直接心理效应。城市形象推广的接触点传播不仅仅是媒介信息的传达，除了大众传播过程中的目标受众细分，如城市形象杂志投放时就应该针对不同的杂志风格和读者群有所侧重地推介城市的方方面面，如经济优势、饮食文化或特色节日等，还应该注重对直接接触行为的细致化传播，如城市火车站附近的公共厕所的卫生环境就会在很大程度上影响游客对该城市卫生管理的态度；对于城市大规模修路或地下管道维护对城市环境造成的破坏，如果没有恰当的行为引导或合理的道路管理，也会给人留下无序、破败的印象；而一个城市街边垃圾箱或配电箱的装扮，如箱壁上粘贴古诗词的细节，就会加深人们对该城市的好感。

加强城市形象接触点传播的直接好处就是能够使大众传播带来的抽象感更为具体和生动，这就要求城市形象传播逐步细腻化、个性化以及全员参与化。比如西方国家的城市领导者都是以城市主人翁和代言人自居，担任所在城市的对外营销活动的总负责人，例如，美国拉斯维加斯市市长为了城市利益与发出不恰当言论的奥巴马进行“外交式”斗争，在引发媒体关注的同时巧妙地在经济危机中营销了拉斯维加斯市的赌城形象。其实，这位市长无时无刻不在营销自己的城市，例如，他送给记者的礼物都是以赌场的筹码为依托来设计的。我们国家很多的城市领导者也有这方面的考虑，例如，很多人的名片上开始增加对城市旅游地和特产的介绍。

接触点传播能够加强城市形象与城市文化对目标信息接收者的深层传递与渗透，有助于交互式传播的有效达成。在城市建设和推广的竞争日渐激烈之时，谁抓住了传播的细节，谁就能够赢得竞争。

（四）城市形象对内传播和对外传播协调共生——把握城市形象传播中的双向维度

在狭义上，组织指人类的组织形式中的一部分，是人们为了特定目的而组建的稳定的合作形式（张培和刘娅茜，2018）。从这个意义上来说，城市作为一个整体，也可以被看作一个巨大的社会组织。任何一个社会组织都会进行必要的信息输入和信息输出，而信息流动的基本方式就是组织对内传播和对外传播。那么，城市形象的推广就要面临截然不同的两大目标群体，分别是市民和市外泛化受众。在进行城市形象传播时，所采取的传播方式也应当因人而异。

城市形象对外传播重在把城市的优秀文化、城市风貌、自然风光、经济优势、特色活动、市民风气、生活状态等方面整合成一个整体形象宣传推广出去，旨在展示城市的整体优越性，吸引各类人群的关注，拉动城市在政治、经济、文化等各个方面的发展；必要时，还应有所舍弃，突出一个宣传侧重点进行打造，如厦门围绕鼓浪屿开展音乐营销系列活动，南昌举办“国际傩文化艺术节”，以及郑州借“国际少林武术节”的举办烘托少林文化等。正如前文所述，当城市形象作为一个整体对外传播时，电视、电影、报纸、网络等大众传播媒介应被充分调动，宣传片、广告、新闻等是对外形象传播的主要方式。

当传播对象转向本地市民时，主导传播者就转换成政府及相关职能部门了。在传播内容上，市民更侧重于对政府惠民政策，城市外在竞争力，各部门举办的比赛、展览，以及城市交通管理等传播内容的关注，传播媒介应倾向于地市级新闻媒体、地市级广播等，传播方式应转向人际传播、体验式传播、口碑传播等。比如古都南京的市政府长期以来在每年的元宵节时都会全力主办大型元宵灯会，增加市民对城市的依赖感；武汉在进行道路长期维修而给市民带来不便时，会张贴各种标语安抚民心，如“您的理解，使城市更美好”等。城市形象对内传播对城市形象的传播发挥着至关重要的作用，是形成城市内聚力和市民自豪感的重要手段，作为对外传播的主体，市民工作高效、精神状态激昂必然会提升城市对外传播时的感染力，最终形成良性循环。

然而现实情况是，在进行城市形象的传播时，政府或相关职能部门往往一心向外，把所有的精力都放在城市形象对外传播上，忽视了城市形象对内传播的必要性，这势必会影响长远的传播效果。所以，城市对内、对外传播应该两手抓，两手都要硬。

七、城市品牌推广的主要传播方式

对外形象的传播方式，往往因传播技术的发展而使得承担对外形象的载体得以日渐丰富。传播的基本方式主要集中于广告传播、影视作品传播、公关主题活动传播、口碑传播四大主要传播方式。针对对外形象传播这一特殊内容，我们创新地提出“公共政策传播”这一概念，其目的在于将对外形象传播方式更好、更全面地进行展示。另外，在城市对外形象传播过程中，不可避免的风险传播、标识系统传播、文化体验传播等不同的传播方式，也将成为城市对外传播模式的重要组成部分。

（一）广告传播

广告传播是目前对外形象传播方式中最常见也是最难以评估传播效果的一种传播方式。根据我们的初步统计结果，目前国内各地基本上都正在通过不同的传播渠道或载体发布着有关本地区的形象广告，其中有诸如山东、上海等这一类省（直辖市）的形象广告，也有大连、南通等这一类地级城市的形象广告，亦有诸如婺源等这一类县城的形象广告，更有诸如三清山、黄山等这一类旅游景点的形象广告。

对外形象广告的传播主体尽管不同，但发布广告的方式往往是大同小异的，差别仅在于广告的内容及广告内容的编码技术。截至目前，广告传播以形式分类可以粗分为图片广告、文字广告、影像广告等三大类别；根据广告传播的载体可以划分为电视广告、传单广告、手机广告、户外墙体广告、户外广告牌广告、户外影像广告、网络影像广告、网络文字广告等类别。

（二）影视作品传播

影视作品传播是一种植入性的传播方式，截至目前，我国运作或使用得较好的地区基本上暂时还没有这种方式。这种现状的主要原因在于，现有大量的影视题材作品多是虚构的，即便题材内容来源于真实地方发生的真实事件，创作者在创作过程中还是会将原始材料匿名化。因此，我们可以发现，目前已播发的各种影视作品即便在某一地取景拍摄，在影视作品的成品中，这些被取景的地方也会被匿名化为一个并不存在的虚拟地名。由此，影视题材作品中所呈现的真实画面背景便与真实的地方完全脱节，一个良好的传播地方形象的机会便只能白白流失。反观韩国的影视作品，人们可以在这些影视作品中看见景与名对号的真实的首尔以及济州岛等地。也正是通过这些影视作品中景与名的对号入座，首尔、济州岛等地在我国获得了较高的知名度以及较强的吸引力。

（三）公关主题活动传播

城市对外形象的建设作为促进城市发展的重要手段，自始至终离不开城市政府的支持和领导，离不开政府公关政策的贯彻和实施。因此，城市形象建设是政府工作的重要内容，也是政府公关的重要内容。政府可以通过公关事务运作，特别是开展一系列公关主题活动来塑造和展现良好的城市形象。为此，政府要有一套以刺激城市目标群体和组织的需求为中心的服务体系。这套服务体系通过组合性的组织传播、群体传播等扩散方式，提高城市的凝聚力、吸引力和辐射力，使目标群体对城市形象产生特定偏好，主要途径与手段有以下三种。

1. 节庆营销

节庆营销是城市管理部门通过举办节日和庆典活动增加曝光度、关注度，以人气提升城市的知晓度、美誉度的一种营销方法。继 2008 年跨年夜台北 101 大楼点灯吸引全球关注后，从 2009 年开始，每年的元旦前夜，新年倒计时仪式和烟花秀都会在台北标志性建筑 101 大楼举行，以效法美国纽约时代广场的新年倒计时仪式。此项活动近年来逐渐成为新年到来之时全球媒体关注的热点，这样的活动每年都能起到强化民众记忆的效果，比单纯举办某项活动的传播效果持续的时间更长。

2. 展会营销

展会营销就是通过举办展览会、博览会、交易会等方式来营销甚至直接推销城市及其产品。展会，作为专业性、统一性、间断性、区域性、针对性的一种展览形式，是一种选择在特定的时间段、特定地区，举办某一特定主题的展览活动。会展的这些特性，为地方对外形象的传播提供了很好的传播方式或传播平台。例如，在上海城市博览会上，江苏省政府向全球民众展示了江苏整体形象；在国际教育展览会上，江苏省政府向世界推荐了江苏的教育成果等。在中国的一线城市，举办展会已经成为成熟的、体制化的营销方式。由于展会一般是在相对固定的时间连续举办，因此既能积累和释放展会本身的品牌效应，也能使举办城市从积累效应中获益。

3. 体育演艺营销

体育演艺营销包括体育赛事和演艺娱乐表演两大部分。体育赛事不仅包括职业的竞技性体育比赛、业余的全民健身类体育活动，还包括体育俱乐部活动、场馆活动、球迷自组织活动等。演艺娱乐表演包括各类给人带来轻松与愉悦的演出、娱乐活动，既可以是你演我看式的“娱人”表演，也可以是参与型的“娱己”体验。

城市公关主题活动方案往往是上述公关传播手段的组合推进。考量主题活动的绩效的重点并不在于活动本身的经济盈亏，而在于城市知名度的提升和对城市形象的优化，以及由此带来的机会。河南省新乡市在体育演艺营销层面上，以地方特色为出发点，与文旅产业深度融合，结合传统武术、中医药等特色，打造了一批规模大、层次高、叫得响的特色品牌。这已经成为城市形象对外传播的一部分。

（四）口碑传播

美国20世纪的里维尔项目明确了信息在传播的过程中会出现锐化、异化、同化三种导致信息失真的现象。信息完整性传播中最不稳定的口碑传播产生的信息失真现象是不可避免的。尽管如此，口碑传播的可信度却是其他各种传播方式所不可比拟的。此外，不同于其他各种传播方式，口碑传播可以实现一个地方对外形象的整体传播，其中便包括旅游形象、经济形象、文化形象、城市形象等各种类别、层次和属性等的对外形象的有效传播的实现。当然，在这个过程中，我们需要克服口碑传播本身的局限性，比如口碑传播过程中的失真问题。

（五）公共政策传播

公共政策传播在传播研究领域当中甚至不能作为一个研究领域而存在。但在整个传播的实践当中，公共政策传播却是极为重要的传播方式之一。公共政策传播背后所隐含的，其实是一个地区的执政理念、发展理念、人才理念等的综合性体现。公共政策的出台，目的不在于将其文本化，而后静态化，再而后历史化，而是在于将这些政策告之于人，从而实现对内明确、对外吸引的目的。对内明确是指让既有的各种资本（资金、技术、人力等）能够安心，并能透过政策看到一个地方的美好愿景。唯有如此，一个地方形象的基本组成元素才能得以维持。对外吸引是指向本地以外的各种资本持有者传递一种信号，实现一种比对，即本地的公共政策更有利于这些资本持有者的长远发展，从而为本地吸引更多的资本持有者以充实本地的实力。这样不仅为本地对外形象的进一步优化提供了有效的资本保障，更为提升本地对外形象的政府形象产生助力作用。当前，进行公共政策传播首先要继续规范和加强新闻发布工作，掌握新闻信息传播的主动权，还要建立完善的新闻发布制度，准确及时地传递地方党和政府的权威信息，营造公开透明的信息环境，强化主流新闻信息，正确引导社会舆论。

斯坦福大学传播学教授泰德·格拉舍说过，新闻说到底，就是一种政治活动。新闻是有关社会变迁、社会变革的东西。新闻与政治是分不开的，两者之间有天然的关联性。用新闻传播的手段塑造地方政府形象，公共关系就是一条很有效的捷径。而且，在西方政治活动中，合法使用公关策略与手段是一个惯例，不仅是可以接受的，而且也是政府等团体组织特别看重的宣传方式。“据统计，目前有大约 160 个国家雇佣美国的公关公司和游说组织致力于加强与媒体、政府和公众的联系，以期影响美国的外交决策。而这些利益集团通过美国媒体影响美国外交决策最简单也即最直接的方式就是，加大对某一事件或问题的宣传，引起公众和政府的注意。”（张国庆，2011：8）在国际新闻报道有限的情况下，这一做法往往会收到良好的效果。在海湾战争和伊拉克战争中，美国政府就成功地使用公共关系手段，为其政策主张减少阻力、赢得支持发挥了积极的作用。

（六）风险传播

新闻是一门遗憾的艺术。其遗憾主要表现在，新闻一经传播便不可避免地会在社会上产生影响，引起讨论，甚至会对一个地方的形象产生正面或负面的影响。然而，新闻传播方式的问题并不局限于此，多数时候通过新闻传播方式传播的有关地方的某一不引人注意的细节信息往往不会在短期内产生或引发大规模的社会讨论，而是会潜伏在时间的历程中，在某个不可预期的时间点爆发，从而对该地的对外形象产生极为重大的影响。借由“新闻”这一概念作为风险传播进路，其目的在于引起重视，即对外形象的传播方式并不意味着一味地向外展示地方的形象，更在于一种内在的修养。这种内在的修养不光体现在执政者的执政能力上，更体现在执政者的风险意识中。危机有着其自身的规律，可以通过一定的研究实现规律化，但风险却无规律可言。风险往往潜伏在日常生活当中，潜伏在人们本以为无关紧要的地方，更多时候风险是以一种独立的存在而出现的，将人误引入危机的歧途。为何一种独立存在的风险会将人误引入危机的歧途？这便是因为在一种均化的思维框架中，人们将所有问题都平均化了，而忽略了问题产生的语境及实际情况对个体产生的真实影响。此外，这背后还有一种片面化的思维框架，将所有的问题都独立化了，而忽略了问题与问题之间的联系，特别是问题与问题之间的累积性。

（七）标识系统传播

随着世界经济的一体化，各国之间的交流也越来越多，城市的环境与形象的好坏关系到经济的发展，而标识系统是一个城市的窗口工程，标牌图形和色彩的规范使用，更能使世界人民了解一个城市，无形中提升了该城市的知名度。同时，随着世界各国各个方面的交流增多，中英文双语标识显得非常必要，但很多场所的公共标识牌大部分缺少英文标志。由于翻译水平参差不齐，再加上缺乏统一的参照标准，江苏省各地的公共标识牌均存在很多不规范的汉英用语或印刷问题。而城市形象和城市文明程度已成为在新形势下能否吸引外商投资、吸引外国友人观光旅游的重要因素。为此，制定适用于地方的标准，规范各地公共场所使用双语标识的方法，对帮助中外宾客正确认识城市、树立城市的正面形象，具有重要意义。

标识作为一种特定的视觉符号，是城市形象、特征、文化的综合和浓缩，城市标识设计是伴随着经济的发展而发展的。中国的改革开放使城市旧貌换了新颜，标识的发展更为城市文化锦上添花。知识经济占据主导地位的今天，对城市标识设计的知识性、前瞻性都提出了更多的要求。因此，城市标识设计应规范化统筹管理，精心打造城市标识系统，以利于城市形象和名城地位的形成与提升。

（八）文化体验传播

体验是指外来文化个体在一定时期内对陌生民族政治经济、历史文化、自然景观、民风民俗等方面的感受和认知活动，它不仅仅包括人际交往、人员往来，更重要的是在行为过程、事件经历中形成自己的独特感受。来自不同文化背景的个体通过亲身经历、实地感受，凭着自己的感官、心智去获得关于对象客体的第一手材料和主观认识。个人体验的形式丰富、种类繁多，总的特征表现为与陌生文化背景中的人进行较长时间的接触，可以“走出去”“请进来”，还可以在“第三国”进行。当然，主要的表现形式还是以外来者的身份“走出去”，在陌生环境内参与各种社交活动，如外交活动、商务往来、旅游观光、科技教育等跨国界行为。在这些较长时期的社会参与活动过程中，个体能够接触到另一个国家的政治、经济、文化、教育、国民等各方面的情况。

自我体验传播方式在城市形象构建中具有与媒介方式不同的特点和作用。明清时期，媒介欠发达，交通不便，传教士成为中西文化交流的中介和重要桥梁。传教士发自中国的信件、报告、书籍、日记等文字材料成为欧美民众认识中国的重要信息来源。传教士“扛着宗教的大旗”在中国南北大地来来往往的时候，他们就是在直接感受着中国的点点滴滴、方方面面。这种感受形成文字，就成为西方民众构建中国形象的基础。今天我们要看到这种“目睹”方式较“耳闻”方式具有的独特优势，并且需要把这种方式应用到今天的城市形象构建过程当中。我们在《对外大传播》《参考消息》《环球时报》等媒体上经常可以看到外国民众在华生活、工作、旅游的感受。例如，喜欢到北京无名无姓的胡同里转悠的新加坡驻华大使夫人对北京的第一感觉并不好，但后来态度发生了变化，她认为“北京是个迷人的城市”“色彩斑斓，令人感到震撼”，她还认识到“要真正了解北京这样的大城市需要时间”（王丽姝，2007：59）。

随着时代的发展，不同文化背景的民众相互接触的机会越来越多，进行体验的可能性越来越大，体验经济就是创造个体难忘的参与性经验的产业。观看或参与高质量的演艺娱乐表演能给人带来轻松与愉悦的娱乐体验。基于个性体验的文化娱乐，既可以是你演我看式的“娱人”表演，也可以是参与型的“娱己”体验。例如，扎根于东北黑土地新民俗的电视连续剧《刘老根》取得成功后，沈阳市政府相关部门在充分挖掘和整理东北民间、民俗文化的基础上，和赵本山团队联手利用“刘老根”的品牌价值推出衍生产品——“刘老根大舞台”演艺节目。这台“娱人娱己”、集东北娱乐文化之大成的节目已经成为游客到沈阳观光不可错过的旅游项目，并成功进入北京、天津、长春等城市的表演院线，现已成为以文化创意、体验为特色的具有标志性的标识。体验经济的互动性和烙印性记忆特征同城市形象对外传播具有正关联，也就是说开发、发展文化体验经济能够优化城市形象，而且传播效能巨大。张艺谋利用桂林人文传说与山水风光编导的表演《印象·刘三姐》，成为增进桂林旅游目的地感召力的助推器，整体提升了桂林的旅游形象。杨丽萍领衔的《云南映象》以歌舞形式展示了云南少数民族的原生态生活画面，加深了昆明、丽江等城市形象的文化厚度。这些都是以文化体验经济提升城市形象的成功案例。

第二章　牧野文化的内涵及历史沿革

第一节　牧野文化的内涵

新乡古称“牧野”。如今，牧野公园、牧野湖、牧野大道、牧野大桥、牧野区、牧野乡、牧野大战……这些名称成了新乡的地标建筑、行政区划和历史记忆，几乎每一个生活在新乡的市民都对此津津乐道、耳熟能详。这一系列有关牧野的名称已经成了新乡的文化符号。提起牧野，人们就想起了新乡。曾几何时，牧野已然成了新乡的代称。实际上，“牧野”一词不同于以“牧”字构成的其他名词，如“放牧、牧童、牧歌”等，也不同于以“野”字构成的其他名词，如“田野、视野、朝野”等。它是一个专门用来表达牧野大战战场的专用名词。借用时尚的话说，它是新乡的专利，就像赤壁之战的赤壁仅归湖北省武汉市所有一样。

“牧野”一词由来已久，比较早地出现在《诗经·大雅·大明》里：“牧野洋洋，檀车煌煌，驷騵彭彭。维师尚父，时维鹰扬。凉彼武王，肆伐大商，会朝清明。”《大明》是中国古代第一部诗歌总集《诗经》之《大雅》中的一首诗，这是一首具有史诗性质的叙事诗，是周朝开国史诗的有机组成部分，最后写到武王在姜太公辅佐下一举灭商的史实。“维师尚父，时维鹰扬”虽然仅仅描写了一句，但也似乎让人看到了姜太公的雄武英姿。另外，相传也是由孔子编订的《尚书·周书·牧誓》里提到了“牧野”并描述了牧野大战的概况：“武王戎车三百两，虎贲三百人，与商战于牧野，作《牧誓》。”“时甲子昧爽，王朝至于商郊牧野，乃誓。”牧野之战结束了商朝600多年的统治，为西周奴隶制礼乐文明的全面兴盛开辟了道路，对后世影响深远。

关于“牧野文化”的范围，目前仅限于新乡行政区域，包括四区、二市、六县，但有适当延伸和拓展。牧野文化是以新乡地域概念为主形成的文化，博大精深、涵盖古今，包括历代以来的政治、经济、军事、思想文化等。

牧野文化研究的主要任务就是总结和提炼牧野文化历史的精华，古为今用，增强地区的自信心和凝聚力。一个民族、一个地区如果忘记了自己的历史文化传统，就不可能深刻地了解现在和正确地走向未来。只有加强地方文化研究、保存历史记忆、洞悉历史规律，才能鉴古知今、熔古铸今，开辟新的未来。

牧野文化因其独有的地域特色和历史背景，赋予新乡以独特的人文精神，这一丰厚遗产是取之不尽、用之不竭的宝贵财富。作为核心旅游资源之一，牧野文化是展现和提升新乡旅游实力的重要力量，开发价值与潜力巨大。

第二节　牧野文化的历史沿革

（一）先秦时期：殷商京畿，战略要冲

牧野有着仰韶文化代表性遗址辉县市孟庄遗址等，“共工治水”的传说就发源于此，辉县市琉璃阁更是重要的考古发现。这片土地见证了殷商帝辛、牧野之战、三监立鄘、晋文公伐卫、践土之盟、魏国兴衰等一系列重要的历史事件的发生，是先秦时期重要的祭祀中心和战略要地。

（二）秦汉六朝时期：群雄逐鹿，史学渊薮

秦汉时期的牧野是一个群雄逐鹿的地方。在这里，张良曾谋划了著名的“博浪沙刺秦”行动，这里还见证了刘邦、项羽的起事和争霸。汉代的封侯功臣“汲绍候”公上不害的封地就在今卫辉市孙杏村镇汲城村，公上家族的兴衰在此上演了 67 年，留下了丰富的历史文化遗产。“获嘉候”冯石也是新乡的历史名人。魏晋时期，这里上演了曹魏政权与司马军事集团矛盾的大爆发，更有竹林七贤的风流余韵，在汲城发掘的《汲冢书》是闻名世界的宝贵精神财富。南北朝时期，这一带名人辈出，涌现了张苍、陈平、周勃、周亚夫、毛玠、毛喜等一众名臣。

（三）隋唐宋元明清时期：漕运枢纽，理学重地

隋朝至清朝时期，牧野不仅是漕运枢纽，还成为义理之学发展的文化重地。隋朝时，新乡开始独立称县。新乡至卫辉的清水就属于永济渠的一段，曾经有著名的新乡八景之一“卫水金波”的盛象。唐朝时，这里涌现了以娄师德、杨再思、韦思谦、李颀等为代表的一大批志士名臣。北宋时期，开宋代卦变说研究先河的

李之才曾在此担任获嘉主簿，岳飞曾在此多次领导抗金斗争。明清时期，新乡城经历了多次修筑，著名思想家李贽、学者张缙彦曾在此教谕或任职；围绕着著名思想家、教育学家孙奇逢，这里更是一度形成“北学文化圈”的盛况。

（四）民国时期：新学奠基，工商初兴

新乡的教育和工商业在清末和民国时期得到初步的发展，这一时期先后成立了太极书院、百泉书院、河南省立百泉村治学院、卫辉香泉师范学校等教育机构，以及王晏卿的“同和裕”银号和王惕彤的华新纱厂等工商机构。

新乡的教育和工商业基础薄弱，制约了文化事业的快速发展。辉县从宋代到民国期间有过创建太极书院、百泉书院的经历，在此之后，除河南省立百泉村治学院以外，教学内容仍以经学为主，与新学的教育内容不同。受华北平原农耕文化为主体、自给自足的生产模式所限制，新乡虽然位置优越，有纵横铁路线和卫河航运的便利条件，但是因为思想不够解放，因此在相当长的时间内，教育与工商业的发展水平与其所处的客观环境并不相称。

辉县后来在建设发展步伐上的急起直追与不服输的拼搏精神，从某种程度上受益于历史文化传统潜移默化的影响，受益于曾经辉煌的悠久历史和优秀的文化传承基因。直至 1949 年以后，新乡教育系统的教学层次、教学体系与学校布局，才逐步趋于科学合理，工商业发展突飞猛进，取得了令世人瞩目的成就。

从学在天子到学在四夷，庠、序、私塾之教，不绝于史。历代官府广置学宫，郡邑皆立学校。古今兴亡得失之变，经史子集、礼乐制度、天文地理、兵谋刑法之属，皆在莘莘学子之学习范围内。

不同时期的官员与名士，在政治上都曾经敬职敬业，但相对而言，还是那些重视发展教育、重视育人百年大业、为优化地区精神文明和物质文明环境做出过贡献的人，更会被后人长久缅怀、交口赞扬。

第三章　牧野文化在全媒体传播时代面临的主要问题

第一节　当前牧野文化研究状况

地域文化乃至中华文化在全媒体语境下的传播是一个时代的问题。任何一种文化形态的顺利传播都不是一蹴而就的，都需要一个相当长的探索过程，都需要与时代的发展特征紧密相连，都曾遇到许多复杂的问题，需要全社会共同努力来解决，都需要在各种不同层级的文化传播互鉴中不断成长，牧野文化也是如此。从宏观层面讲，中华文化的对外传播需要深化文化传播的战略研究。牧野文化的研究与传播在宏观层面同样需要以现存的问题为基础，制定顶层发展战略，再由整体发展战略解决具象存在的问题。

一、缺乏专门机构对牧野文化进行体系化梳理

在当前的研究中，还没有一个关于牧野文化的专门研究机构来对这一地域文化进行体系化的整理，但是在文化传播过程中，需要以具体的机构为依托，从其优势部分做起，立足本土，辐射周边。

在2012年，牧野文化基金会成立，该基金会是一个由河南省文化厅参与主管的非营利性公益文化组织，其日常的运营资金也是由政府部门进行拨款和社会各界机构及个人筹措。在地域文化传播过程中，该基金会并没能成为主阵地，一方面是由于其自身成立的时间较短，还没有发展成熟；另一方面是由于牧野文化还未在全国乃至全世界范围内形成一定的影响力，也没有能力进行全世界范围内的文化机构建设。但是，以牧野文化已有的研究基础和传播优势为依托，进而在周边地区乃至全国、全世界进行传播，是应当坚持的宏观战略，并以此作为文化传播中解决具体存在的问题的理念指导。

在对外的文化传播过程中，传播内容要严谨，传播者必须要仔细思考和研

究需要传播出去的是怎样的文化，究竟什么样的文化既能够代表中国文化的内核又能够最大限度地体现中国文化的核心价值和软实力，以及在复杂多样的世界文化中，中国文化又有什么显著的特性，这些是中国传统文化在传播中应该思考的问题。

牧野文化作为新乡的文化标签，还未形成一股前进有力的文化势头，又因为身处在互联网高速发展的时代，文化的传播方式和途径不再单一，因此牧野文化的传播在信息层层传播下，很有可能沦为众多地域文化中不起眼的一个。但是在中国地域文化发展传承的过程中也有很多成功的例子，如福建的土楼文化、闽粤地区的妈祖文化等已经形成了鲜明的文化特色，由此这些地域文化在发展中又衍生出了更多的文化符号。从微观层面讲，牧野文化传播目前也面临着有效话语体系的缺失。在牧野文化的传播过程中，传播主体如何找到最能够代表牧野文化、最有特点的那一环，形成自己的文化特色，这也成为传播者亟须思考的战略问题。

提到牧野文化和新乡，人们可能最先会想到几千年前商周之间决定性的牧野之战，想到影视剧里对牧野之战的零星刻画，除此以外好像没有什么能够令人印象深刻的文化内容了，所以“文化力较弱”这句话用在牧野文化上是适用的，牧野文化的传播始终是一种被“打散”的状态，既没有一个好的机制进行文化整合，也没有能够在深入传播的某个方面有较大进展。

对于牧野文化的传播而言，我们经常想到的是如何能够让青年一代更好地了解它，能够将其更好地传扬和发展下去，但其实在文化的传播上，我们更应该先寻找到先行者，由此才能带领更多的人领略文化的魅力。目前存在的困境是：谁能成为这个文化的推动者？在全国范围内甚至是新乡本地，专职进行牧野文化研究的学者寥寥无几，大多是高校的老师、文化工作者和一些爱好者，如果在文化推广这件事情上没有先行者和领路人，发展谈何容易？

二、文化产业化程度不高

一个国家的强盛是以文化强盛为基础的，而国家文化的强盛又是以各地区文化的繁荣为支撑的。新乡地处黄河之北、太行之南，曾经是平原省[①]的省会，并入河南省后是豫北地区重要的政治、经济、文化、交通中心之一。新乡地区

① 我国原省级行政区名，现已撤销。

历史悠久，具有丰厚的文化积淀和众多文物遗迹，自身具有很好的文化产业发展的基础。近些年，新乡市委、市政府大力推进文化产业结构的升级和调整，文化产业发展呈现逐年上升的态势，新乡市地区的文化消费能力也持续增加。2015 年，河南诚城集团和香港五洲国际集团共同投资 51 亿元打造了“云龙山大健康文化产业园”，融婚庆主题公园、养老养生文化区、文化创意园区、高效观光农业园和休闲运动园为一体，是新乡市培育新的经济增长点、促进产业转型的一个典型案例。

虽然新乡市文化产业的发展已经取得了很多成绩，但是仍然存在着很多问题和制约因素，比如文化产业市场的整体运行不够成熟。要从根本上提升新乡文化产业的实力、促进文化产业的持续稳步发展，就必须及时总结发展过程中存在的问题，因地制宜，充分发掘新乡地区的历史、地域和自然资源等优势，找出适合自身的文化产业发展之路。

第二节 牧野文化传播的不足之处

一、传播渠道单一，缺乏媒体整合性

全媒体时代给传播者带来的要求是要运用各种媒体整合联动，形成整体性的传播矩阵，对受众产生随处可见的信息攻势。而目前牧野文化依然只是利用传统媒体在传播信息，缺乏利用新媒体传播的手段，这无疑是与现代社会的脱节、与受众的脱节。笔者在微信上搜索了“牧野文化”，出现的只是关于“牧野文化”的零星文章，而在微博上搜索“牧野文化”，注册方显示是上海一家文化传播公司。这说明牧野文化在传播渠道上非常欠缺，没有充分利用全媒体时代的各类新媒体所带来的传播便利性，更不用提对媒体的整合了。

在受众被各类媒体轮番轰炸的今天，很多轰动性的新闻都是第一时间来源于自媒体，所以很多权威的传统媒体都开辟了自己的自媒体传播渠道，以提高自身信息的传播速度，拓展传播范围。牧野文化的组织传播者缺乏对自媒体领域的重视以及对自媒体关键字注册的敏感性，已经失去了利用新媒体渠道的先机，在今后的传播过程中应当全方位、多渠道、高效率地利用各类媒体进行文化传播。

二、信息资源呈现传播资源碎片化

在全媒体时代，人们在享受种类繁多的媒体及其组合带来的感官刺激的同时，也面临着选择的困难。林林总总的媒介之间必然存在着竞争，这种竞争就表现在对信息的获取上，使得信息资源呈现出碎片化传播的状态。人们要想通过一种媒体获得自己需要的信息已经不可能，必须及时关注各式各样的媒体，从茫茫大海般的信息中找出有用的信息，而这个过程中又不乏垃圾信息的干扰。媒介资源的碎片化增加了人们的选择困难，也增加了传播者让人们关注信息的难度，如何选择媒介组合以实现有效的媒介接触成为牧野文化传播的一道难题。

由于牧野文化资源呈现出既分散化又碎片化的状态，对其的宣传报道至今未能形成整合性的传播态势，所以不利于受众形成关于牧野文化的完整印象。在传播产品方面，《牧野文化论文集》（上、下册）、《风生牧野：新乡》两部书对新乡地区的牧野文化进行了系统整理。但笔者从网上购书平台进行搜索时发现，有些只能搜出《风生牧野：新乡》一书，而且销量很低，说明书籍并未能产生相当的影响力。当笔者在搜索引擎上输入“牧野文化”关键词时，出来的大都是新乡当地高校学者的一些论文，即使有一些新闻，也都是关于新乡当地的政策等，没有涉及牧野文化的实质性内容。此外，还有一些云南、内蒙古等地的信息也使用了“牧野”的关键词，形成了干扰，这也说明了“牧野文化”的名词专有度并不高。在全媒体时代，在互联网的海量信息当中都仅有这少量关于新乡地区牧野文化的内容，说明牧野文化的传播力十分微弱。

三、传播实效性不强

由于传播渠道的单一化、传播资源的碎片化，牧野文化的信息传递实则没有起到应有的效果。从新乡当地来看，虽然有很多以“牧野”命名的地点和机构，但大部分都没有体现出牧野文化的内涵。比如新乡人民众所周知的牧野广场，本是传播牧野文化的很好场所，但是却沦为一个空旷的场地，缺乏关于牧野文化的深入挖掘，也缺乏一些具有影响力的活动的支撑，不能让市民感受到广场名字背后深刻的文化内涵。新乡当地也有一些牧野文化的研究和传播机构，但并没有形成一定的社会影响或产生一定的经济实效。

缺乏知名度和美誉度的提升、缺乏社会影响力的扩散、缺乏经济效益的形成，这样的传播显然是没有效果的。不以效果为前提的传播是对传播资源的浪费，如何提升牧野文化的传播效果也成为亟待解决的问题。

第三节 全媒体时代牧野文化需要解决的问题

一、缺乏全媒体传播的应对策略

在全媒体时代，新兴媒体的出现不仅提供了更加多元的传播渠道，更重要的是它使社会信息传播的主导模式由传统的大众传播更迭为当前的群体传播。它带来了海量信息的涌入，打破了传统传播模式中受众的接受习惯，改变了传统模式中信息的传播者和接收者的作用和地位，两者的差别不再明显，甚至发生重叠，传播者也是接收者，接收者也是传播者。在这种改变中，接收者很快形成了新的身份认同，其影像消费习惯由传统地坐在电影院里或电视机前完整地观看节目，变成了快消时代对碎片化、短时长、有看点的视频的追求，其观看态度也由之前的“你说我听”，变成了“我要发声”。但牧野文化的传播者却迟迟无法适应这种改变，其传播者缺乏对新兴媒体领域的重视以及对自媒体关键字注册的敏感性，已经失去了利用新兴媒体渠道的先机，其应对新兴媒体的态度是仅仅将其作为传播渠道，却忽视了其传播话语的特点，依然在走传统模式制作、新媒体平台发布的老路。

习近平在党的十九大报告中指出：“中国特色社会主义文化，源自于中华民族五千多年文明历史所孕育的中华优秀传统文化，熔铸于党领导人民在革命、建设、改革中创造的革命文化和社会主义先进文化，植根于中国特色社会主义伟大实践。”①同时，他也指出：“文明特别是思想文化是一个国家、一个民族的灵魂。无论哪一个国家、哪一个民族，如果不珍惜自己的思想文化，丢掉了思想文化这个灵魂，这个国家、这个民族是立不起来的。”②

然而在文化的传播样态上，牧野文化的传播者未能结合全媒体时代信息传播短、平、快的特点，依然采用传统的传播样态。笔者在优酷等著名视频平台上搜

---

① 习近平. 决胜全面建成小康社会 夺取新时代中国特色社会主义伟大胜利——在中国共产党第十九次全国代表大会上的报告. http://www.gov.cn/zhuanti/2017-10/27/content_5234876.htm. 2017-10-18[2021-03-04].

② 习近平. 在纪念孔子诞辰2565周年国际学术研讨会上的讲话. http://www.xinhuanet.com//politics/2014-09/24/c_1112612018_2.htm. 2014-09-24[2021-03-04].

索关键词“牧野”，未能得到符合新媒体传播特征的短小精致的牧野文化传播视频，出现的却是两部大片——动画片《牧野传奇》和电影《牧野之战》。动画片《牧野传奇》作为河南省首部在全国院线公映的动画电影，历时 3 年，耗资 500 万元，以“武王伐纣”和“牧野之战”的正式记载为蓝本，采用特殊的国画形式将具有中国古代传统文化特色的建筑与景物呈现在观众面前，意在弘扬中华传统文化，体现社会主流价值观。该片虽在 2016 年就已入选文化部中国文化产业重点项目，但由于动画制作水平的限制和内容设计上未能体现全媒体传播的特点，其传播效果并不理想，院线票房收入仅 7 万元①。

在传播的内容选择上，牧野文化依然多以古时的牧野大战为蓝本，将古老宏大的牧野传说的历史文化贯穿其中，但是却未能注意到将传播内容与现代人社会生活、全媒体内容选择特点、新兴媒体传播话语的特点相结合。牧野大战的故事对于一些人来说早已烂熟于心，在一定程度上并没有太大吸引力，“逆境中成长”这类主题在当今大多数动画电影中也都有所呈现，这就导致了《牧野之战》这部电影很难引起观众的情感共鸣。在内容的贴近性上，其实豫文化的传播就有成功案例。2016 年，河南省旅游局制作了纪录片《老家河南》，共 30 集，该片从现代人的视角较为全面地介绍了河南的风土人情，每一集以一个城市为主，人们可以在视频中对每个城市有不同的认识，但是又归为一源，那就是豫文化。在叙事方式的使用上，该片依然沿袭了传统媒体的表达方式，以政治传播思维为主导，以宏大叙事和官方话语贯穿始终，未能关注到全媒体时代对受众影像消费习惯的影响，由此带来的直接后果是，旧的链条已然被打破，新的链条却未能建立，有效传播者缺席，受众不再能从传播者传播的信息中获得满足和快感，这直接导致了主流声音的失语。一部好的纪录片想要在全媒体时代拥有立足之地，绝对不应仅仅展示中华传统的价值观体系，也要注意其与中国美学以及受众良好的视听感受的融合。

在媒体的使用方式上，全媒体时代给传播者带来的要求并不是运用单个的媒体各自为战，而是要运用各种媒体整合联动，形成整体性的传播矩阵，对受众产生随处可见的信息攻势。全媒体传播主张以全媒体为渠道，进行内容的多渠道、多媒体、多平台发布，这实际上是对传媒形式的重新架构。而目前牧野文化依然只是利用传统媒体在传播信息，缺乏利用新媒体传播的手段，这无疑是与现代社会的脱节、与受众的脱节。在如今更为流行的抖音短视频、微视、火山小视频等

---

① 佚名. 2ACG 领域最具影响力的产业新媒体. http://www.3wyu.com/14470.html. 2017-08-28[2021-03-04].

视频网站上搜索“牧野文化”，出现的只是寥寥无几的小视频，并且毫无关注度。在新乡当地，平原博物馆内有关于牧野之战的介绍和缩小比例的情景再现，但是也只局限于文字和场景，以供人们阅读和观赏，只能够短时间内给人们造成一定的视觉冲击和相关记忆，但是无法形成较为深远的深刻印象。当地政府亦没有能够及时抓住新媒体发展的良好契机，进行牧野文化的宣传活动，而传统媒体的宣传又大量局限在新乡当地，受众有限，传播范围更加有限。这说明牧野文化缺乏全媒体的应对策略，未能充分利用全媒体时代出现的各类新媒体的优势来增加牧野文化传播的广度和深度，更不用提对于多元媒体的整合利用了。

二、牧野文化传播资源碎片化

碎片化是指信息需求的个性化，是人类社会进步发展过程中出现的一种传播现象。在全媒体时代，由于社交媒体的不断发展、超级应用的不断普及，碎片化趋势已经在各个领域出现。就信息获取而言，当下人们在享受多元媒体形态及其组合带来的感官刺激的同时，也面临着选择的困难。林林总总的媒体之间必然存在着竞争，这种竞争使得一个媒体总会利用有限的内容空间选择事物某一方面的特质加以重点传播，以求通过差异化战略来实现对受众的吸引，而其带来的另一方面的影响则是促使信息资源以碎片化的状态进行传播。信息碎片化的积极影响在于，它促使话语权进一步去中心化和平等化，传播主体的个性化特点被凸显放大。它撼动了传统传播媒介的中心地位，为受众带来了丰富的信息资源和便捷的获取方式，但同时也导致了突出的矛盾，即“海量信息与缺乏内在关联的单个符号文本如何建立内在的联系。对于身处现代媒介社会的个体而言，需要一种新媒介社会的素养来建立不同文本之间的逻辑联系，以实现认知上的完整性；对于传播者而言，则需要通过建立起文本内在整合，实现意义有效传播”（胡易容，2016：133）。换言之，信息的碎片化造成了信息泡沫化和谣言化的困扰，人们要想通过一种媒体获得某一事件的全部已然不可能，必须及时关注各式各样的媒体，从大量超载的同质化信息中找出有用的信息，同时还要避免阅读浅思维、文化狂欢和垃圾信息的困扰。媒介资源的碎片化增加了人们的选择困难，也增加了传播者让受众关注特定信息的难度。

就牧野文化而言，其碎片化传播源于两个方面。一是对具象的文化资源未能形成有效的传播体系。在新乡，作为旅游资源的万仙山，作为文化遗产的潞王陵、比干庙，以及多个在新乡本地出土的文物等，都是牧野文化几千年的历史积淀，都是牧野文化的具体意象体现，但是由于没有一个整体有效的具体机制可以将它们进行整合，因此资源呈现碎片化的状态，没有能够起到“1+1＞2”的效果。这样一来，相当于没有一个完整的体系可以承接原本丰富的牧野文化，即便是来新乡旅游的游客，也很难清晰地了解到这里的文化，又何谈传承与传播呢？而上文所提到的牧野文化存在的缺乏全媒体应对策略的问题又进一步导致其内容生产不能对新兴媒体造成吸引力，所以无法构成一个完整的体系来对琐碎的牧野文化载体进行专门的传播内容生产与资源信息整合，这就导致牧野文化的内容传播存在先天的不完整性。二是对抽象的牧野文化内涵的传播尚未形成整合性的传播态势，不利于受众形成关于牧野文化的完整印象。在全媒体时代，在互联网的海量信息当中仅有的这些关于新乡地区牧野文化的内容，说明牧野文化传播力微弱。因此，如何整合自身零散的内容资源，以及如何在全媒体平台上利用多元媒介手段塑造完整的牧野文化形象，成为牧野文化传播的一道难题。

三、传播有效性不强

有效传播从广义上是指传播的信息能够到达受众并被理解。实现有效传播有三个层级。一是取决于传播者对信源的选择。一般来说，正确的信源可以增强所要传播信息的可信度，而可信是人们改变态度的前提。二是传播内容必须能为受众所理解。三是在具有高可信度信源和信息能被受众理解的基础上，要注意传播技巧的运用。新乡本地的牧野文化显性传播主要体现在两个方面，一是以“牧野”来命名地点和机构，旨在加强本地人民对于牧野文化的认同感和归属感。然而，大部分以此命名的地点却空有其名，未能体现出牧野文化的内涵。比如新乡人民众所周知的牧野广场，本是传播牧野文化的很好场所，却沦为一个空旷的场地，缺乏关于牧野文化的深入挖掘，也缺乏一些具有影响力的活动的支撑。从信源上说，没有使受众将牧野广场与牧野文化产生关联，也无法使受众理解广场名字背后所蕴含的文化底蕴，信源既不可信又无法使受众理解，自然谈不上有效传播。还有人们比较熟悉的牧野湖，放眼望去也只是一个空旷的湖，在周围高楼大厦的衬托下显得愈是单薄，缺乏美景宜人带给人们的吸引力，从根本上就没有给受众联想到牧野文化的机会，又如何去传播。二是成立牧野文化的研究传播机构及民间团体进行研究工作。然而，新乡本地的研究机构或民间团体没有能够形成较大的影响力，虽然也有不少的学术讨论活动，但只是局限在本地和少部分地区，如新乡学院历史与社会发展学院在 2016 年举办的新乡市第二届牧野文化学术研讨会暨比干文曲文化国际论坛，虽得到国际友人的响应，但是后续传播力不足，没有形成更多的社会影响或产生一定的经济实效。从有效传播的三个层级上说，研究机构或学术交流活动的成果具有较高的可信度，满足了第一个层级信源可信的要求，但是，研究机构和学术活动的成果一般以论文和著作居多，学术气息浓厚，语言大多晦涩专业，对普通受众的贴近性和吸引力不强，受众存在理解上的障碍，不能满足第二个层级的要求。此外，在对这些专业性成果进行宣传时，亦未曾使用合理的传播技巧，故而有效传播未能实现。

但是，这并不是说地域文化不具备有效传播的可能，将比干文化和殷墟文化的传播效果进行对比可知，发源于新乡卫辉的比干文化，其历史可以追溯到商朝，几千年的历史文化，学术研究价值极高。但是在网上搜索关键词“比干”，出现频率最高的是关于神魔小说《封神榜》的延伸词条。而拥有同时期商朝文化的安阳殷墟文化群则不同。安阳有历史遗产的特别优势，文化学者们积极开展关于这方面的研究，如甲骨文、青铜器等。由此受到很多个人和群体的关注，其中不乏很多外国学者，在世界各国都有分布，这在一定程度上打破了地域文化的地理空间限制，不仅使得当地的经济发展水平有了很大的提高，也令安阳成为殷墟文化的重要承载地区。而新乡市地处河南省北部，南邻黄河，紧邻省会郑州，有着悠久的历史，是《诗经》的重要发源地之一，流行于古代新乡地区的诗歌占《国风》的四分之一。截至 2020 年 4 月，新乡地区有国家级文物保护单位 20 处，A 级旅游景区 23 个①。不论从哪个角度入手，都可以利用其优势将牧野文化向受众传播，综上所述，牧野文化的传播并非在于其传播条件的缺失。

可见，不以实现传播效果为前提的传播是对传播资源的浪费，缺乏知名度和美誉度的提升、缺乏社会影响力的扩散、缺乏经济效益的产生是牧野文化在全媒体语境下传播亟待解决的问题。

四、传播渠道老旧，受众接触面不够

在新媒体层出不穷、媒介融合速度不断加快的全媒体时代，信息的传播方式已经发生了翻天覆地的变化，受众已经进入一种“读”时代，且这种“读”是以网络为介质，以媒体为载体的碎片化阅读。其种类也不再局限于文字，大众早已

① 新乡市统计局. 2019 年新乡市国民经济和社会发展统计公报 http://www.xinxiang.gov.cn/sitesources/xxsrmzf/page_pc/zwgk/ghygb/tjgb/articleac57702d3e4741c79acdfe91972ccc4d.html. 2020-04-14[2021-03-11].

习惯通过手机各种客户端、网站等新媒体渠道以读图、看视频这些更为直观和便捷的方式来快速、多元地获取信息。然而，牧野文化的传播目前仍停留在“等、靠、要”的老思想上，其传播渠道仍多集中于主流媒体宣传、机关单位组织参观学习和学校教育上。这些传统的文化传播渠道虽然具有高执行率、高完成度的优势，但由于其形式多单一死板，对受众尤其是中青年受众不具备强吸引力，说服力不强，容易引起受众的逆反心理，传播效果并不理想，难以达到深层传播的效力。从另一方面讲，传统传播渠道的牧野文化传播还存在受众覆盖面不足的问题。牧野文化在本地政府、学校等单位所进行的直接传播覆盖的人群毕竟只是小部分，更广泛的受众接受牧野文化必须通过间接传播的方式完成，而牧野文化间接传播的主要方式是报纸、电视等传统主流媒体的报道与宣传。全媒体时代，传统主流媒体已经不能实现受众的大面积覆盖，新兴媒体已然占领了大部分中青年受众。故而，牧野文化采用传统渠道传播，存在受众接触面不足的问题，这带来的直接影响就是使牧野文化脱离了其赖以生存和发展的传播对象。

在现代科技飞速发展的条件下，新媒体受到了更多人的关注，不仅带来了很多理念上的创新，为文化发展不断注入新的活力，同时也增加了文化传播的渠道。纵观文化传播发展的脉络，从最开始的人与人之间的口头传播到如今新媒体的出现，传播方式可谓发生了翻天覆地的变化。互联网、手机、虚拟现实等层出不穷的传播方式为文化的发展提供了更多的平台，开创了不同于从前的新型文化传播途径，实现了质的突破。跟随时代发展及时更新文化传播手段，可以有效促进文化传播交流，包括国内纸质媒体的转型，都结合了新媒体的传播方式，河南日报报业集团与中国联通河南省分公司签署全面战略合作协议，将在移动互联网、云采集平台等新媒体平台开展业务合作，进而实现业务区域扩张。还有微博等新媒体，应用起来成本较低，但是大众的关注度很高，如果能够有效利用，可以实现长远发展。

如何丰富牧野文化的传播渠道，改变传统文化宣传时大喊口号、枯燥晦涩的刻板印象，充分利用新媒体的传播优势，透析受众的媒体使用习惯，让传统文化的传播在娱乐中教育人，在教育中娱乐人，全面跟上全媒体时代的步伐，就成为牧野文化传播中面临的又一难题。

五、受众需求趋于多样化，关键点有待捕捉

全媒体时代下，似乎什么都是全新的，全新的文化形式、全新的传播方式、全新的受众群体，当然也包括全新的受众需求。科技发展日新月异，人们不仅仅

是被迫接受一些新的文化，也是在不断地跟随时代发展而放宽眼界。近年来，网剧、脱口秀、慢综艺、真人秀、美食类节目等迅速发展，这些新的文化形式能够迅速捕捉受众的关注点，将娱乐元素融入其中，在得到受众人群喜爱的同时也在潜移默化中火速传播。但是，在激烈的市场竞争中，评书、相声、京剧等传统表演形式却面临着危机。据 2017 年的普查统计结果，全国现有 348 个剧种，其中分布区域在 2 个省（区、市）以上（含）的剧种 48 个，分布区域仅限 1 个省（区、市）的剧种 300 个[①]，其中河南有 25 种。

先将“文化进化论”的科学性搁置不谈，单单是以“优胜劣汰”的市场发展思路来进行文化产品的价值评断，其中就存在严重的问题。爆米花式的商业电影和符合大众口味的综艺节目在当今这个互联网高速发展的时代博取了大多数人的眼球，但是其文化艺术价值不一定高；小众文化已经不再是大多数人手机、计算机屏幕里最常出现的内容，但是它的艺术价值不一定低。在互联网时代，受众越来越多元，个性化需求增多，整体需求的类型越来越多样化。资本对文化导向的影响态势如果过于严重，很容易形成流量思维和眼球经济，甚至会导致三俗现象的出现；更甚者，当娱乐文化占据了舆论场，其强势地对不同意见进行压制，就会严重威胁到文化的发展多样性。事实上，部分传统的文艺形式所面临的问题是如何在全媒体时代下适应社会的发展势头，实现自身的转型升级。秦腔、京剧、豫剧等传统的剧种之所以可以经久不衰，较为重要的原因是其能够根据时代发展的不同特点吐故纳新，进行文化创新。文化创新不是对文化的全盘舍弃，而在于“融合”与“继承”，现在我国正在盛行的综艺节目不少是借鉴日韩和欧美，又根据本国的国情和文化价值观念进行改造而成的，这实际上就是“融合”式的文化创新。但是“传承”常常被忽略：中国古代的劳动人民在长时间的历史发展中，创造出许多神话故事和远古传说，传颂了很多历史典故，唱出了很多民谣乐曲，为当世的文化创新发展提供了有力的支撑，就连外国的艺术作品中也有很多中国传统元素的体现，如好莱坞电影《功夫熊猫》和《花木兰》。

但是，对传统文化的继承并不是提倡搞文化复古主义，而是对现代文化进行重新构建。评书艺术家单田芳曾说：“时代变了，评书得通过新的媒体传播，才有生命力。”[②]时代发展的不同阶段都有不同的时代语言和审美观念，发展人民喜

---

① 佚名. 全国地方戏曲剧种普查成果专题新闻发布会. https://www.mct.gov.cn/vipchat/home/site/2/287/. 2017-12-26[2021-03-04].

② 王法治. 由评书困境看中国传统文化生存现状. https://baijiahao.baidu.com/s?id=1611476871153045861&wfr=spider&for=pc. 2018-09-13[2021-03-04].

闻乐见的文化艺术，不是“换汤不换药”地将传统文化进行动漫化、影视化、游戏化的改编，而是在足够了解传统文化内涵的基础上，对原有的故事进行重新构架，用现代人了解的语言进行故事讲述，选择年轻人更容易接受的传播形式和表现形式。几年前，著名的越剧演员茅威涛在排演越剧《江南好人》时，大胆地加入了现代舞和爵士舞，颠覆了观众对传统曲艺的认知，得到了很多年轻人的喜爱。同时，扶持传统文化，也不是只进行强力的推动，而是要想办法使其能够在有“推力”的基础上自我前进，国务院办公厅在2015年印发了《关于支持戏曲传承发展的若干政策》，从多个方面支持传统戏曲的保护与传承。在政策的引导下，传统戏曲与现代艺术进行了有机结合，逐步恢复了自我更新的能力。近年来，小剧场形式的曲艺传播在北京、上海等文化、经济繁荣的地区很受追捧，新一批的青年表演者开始将新的呈现形式和先锋表演理念进行融合，而且，市场化的运作吸引了不少年轻观众，德云社就是一个成功的典型案例。创新是文艺发展的营养剂，人类发展史上的每一次文明大发展，都是后人踩在前人的肩膀上去触摸星辰。中国优秀的传统文化是中华民族的精神内核，我们要支持其不断发展，同时鼓励更多的文艺工作者敢于创新，紧跟时代。

牧野文化亦是如此，即便新乡地理位置优越，拥有深厚的历史文化传统，有多处经典的怡人美景，可是依旧没有足够吸引更多人的力量，新乡本地人提及牧野文化都未必可以娓娓道来，非本地人显然更不可能了。最基本的了解都难以达到，又何谈传播，又如何传承？牧野文化未能及时适应时代特点，未能推陈出新，只是一味地依靠它的历史故事，又如何吸引受众的眼球？只谈“继承”不谈“融合”，终究不是长远之计。那些在时代的洪流中始终屹立不倒的传统文化，正是在时光的打磨中不断思考，不断完善，吸收他人经验教训，为己所用，这也正是人们常说的融合。牧野文化所需要的正是融合。如何满足受众多元化的需求，捕捉新兴文化的关键点，让牧野文化散发出长久魅力，这是牧野文化传播过程中面临的又一大难题。

六、价值观多元化，应对能力不足

文化传播的核心是价值观传播，牧野文化亦是如此。在传统媒体一统江山的时代，电视、报纸等大众传播媒介拥有着控制传播渠道和左右人们了解信息内容的能力。政府能够对这些媒体实行严格的管理，主流媒体也以传播主流意识形态为主，人们接触到的价值观、世界观和人生观往往是经过主流媒体筛选过的，呈现出一元化的特征，不会出现价值观的分散和对抗化。然而，全球化、信息化时代的到来给人们的生活带来了巨大的变化，颠覆了人们的生存方式，但同时也带来了文化和价值观的多元化。人们接触信息的渠道和方式增多，不再只接受主流媒体的一家之言，而是会根据多元化的信息形成自己的判断，在选择性接触机制的影响下选择接受与自己的价值观和思想观念一致的内容，从而强化自己的价值判断。

维克托·什克洛夫斯基认为，"艺术的手法是事物的'反常化'（остранение）手法，是复杂化形式的手法，它增加了感受的难度和时延，……艺术是一种体验事物之创造的方式"（什克洛夫斯基，1989：6）。这也就是说，通过艺术化的处理，一个事物可以被赋予全新的形式，并让受众可以对这种新的形式产生浓厚的兴趣。电视节目的发展就是一个很好的例子，《朗读者》和《中国诗词大会》便是通过全新的节目形式以及营造方式将中国诗词文化和传统美德展示给受众，在潜移默化中弘扬主流价值观，形成文化认同感。电视节目《经典咏流传》和《国家宝藏》更是以故事为载体，通过表演、讲述等形式，以情感为纽带，无形中完成主流价值观的表达。这些电视节目都是将更多的生活化因素和娱乐化方式嵌入其中，从而获取受众群体的最大认同。

在当今社会，想要在受众中传播一元化的价值观，让受众接受一元化的观念已经不可能实现。主流媒体、教育机构、政府和事业单位仍然不遗余力地传播着主流价值观，但是网络媒体、自媒体等新兴的媒体以其多元化的信息、多样化的形式和多渠道的接触对受众形成了巨大的黏性。在国家大力推行的主流文化之外，受众似乎更乐意接受通俗文化、流行文化和一些亚文化。这些文化的娱乐性、个性化等特点对受众形成了极大的诱惑，与主流价值观形成了较强的对抗，使得牧野文化中蕴含的主流价值观传播难度增加。除了这些自然生长的文化之外，还有文化帝国主义有意识的文化输出，将资本主义的文化和价值观通过各种文化产品和商业产品潜移默化地融入我国民众的生活和思维，这些都对牧野文化主流价值观的传播产生了强烈的冲击，增加了其传播难度。

从另一方面讲，牧野文化自身在传播体系的构建上存在应对能力不足的重大缺陷。面对全媒体时代受众在文化价值接受上表现出的强烈自我意识，牧野文化的传播体系未能针对这一现象进行研判，未能结合全媒体的信息传播特点及时对牧野文化的传播方式和传播内容进行调整，未能在全媒体时代受众特征与牧野文化的价值观传播间寻找到合适的结合点，提出可行性传播策略，以适应时代和受众的双重需求。

如何更好地利用牧野文化的主流价值，深入挖掘牧野文化潜在的艺术形式，让牧野文化更好地适应全媒体时代下多变的流行元素与娱乐元素，在瞬息万变的社会中更好地发展，这是牧野文化传播的又一难题。

七、传播表层化，传播深度不足

牧野文化的传承与传播离不开其原生的本土社会环境，本土社会环境是牧野文化生长的文化土壤，离开了社会环境的牧野文化传播时刻面临着浅层次的物质层、制度习惯层若干元素的传播与深层的价值观传播脱离的风险。但当科技的发展使媒介接触传播成为一种常态，当受众的文化消费习惯以快消品消费为惯例时，无论是政府的官方传播、企业的自主传播还是个体传播，传播者的心理状态开始流于浮躁，往往会因为对短期传播效果的过分追求而使牧野文化的传播状态带有较明显的目的性。这直接导致传播者在选择信源时，会人为地将牧野文化剥离出其生长环境，抛弃文化之根，只片面地截取其独具特色的具象表现形态，以博得受众暂时性的视觉刺激和巨大的视觉快感。

2015 年，河南博物院中原国学讲坛的创始人，同时也是河南某文化传播公司的总经理王昕，募资百万拍摄了河南形象宣传片《世界 由此东望》，并在纽约时代广场播放 7 天，每天播放 80 次，在国内引起了巨大反响。然后呢？当民众的热情随播出的结束而逐渐平复，中原民俗文化乃至中原文化在大洋彼岸的传播广度和深度并未因此出现实质性的改变，那些被消解了文化意义的具象文化符号注定无法长久存活。而以此反观西方文化、韩国文化在中国的影像传播，很大程度上是伴随着电影、电视剧的引进同步进行的，受众可以理解、愿意接受，一方面缘于电影、电视剧对受众的文化浸染是一个漫长的过程，这就给了受众一个相当长时间的心理缓冲期，有利于消除文化排异现象；另一方面，电影、电视剧中的文化传播是伴随着情境进行的，情境中的文化是有生命力的，理解情境、理解人物，其实也就是理解了文化。相比文字和图片而言，影像更直接鲜明，给人产生的情感也更深刻，并且电影、电视剧的播出形式更加贴近受众生活。随着时代的发展，电视机早已普及到了家家户户，闲暇之余人们都喜欢打开电视机关注一些最新的事物，而每到周末，电影院更是人山人海，各个年龄段的人都有，由此可见，电影、电视剧的受众面更广。

所谓“润物细无声”，潜移默化的传播可谓是最好的文化传播效果，而影视剧则是最好地展现这一传播效果的形式。美国批判传播学派代表人物乔治·格伯纳认为，“电视是潜移默化的意识形态工具”（高萍，2012：36），无数电视剧采用这一优势向受众传播着各种各样的文化。“民以食为天”，饮食文化也是民族文化之一。以韩国料理为例，在中国，很多城市的大街小巷都有韩国料理店，并且其深受各年龄段人群的喜爱，而韩国料理也在漫长的历史发展过程中吸收各国美食精华，不断完善，给受众更为美妙的体验，但是韩国料理仅仅是依靠不断完善美食本身得以传播的吗？当然不是。韩剧《爸爸我来伺候你》中就有两位老奶奶一起制作泡菜的场景，在火遍大江南北的韩剧《来自星星的你》和《继承者们》中更是不断贯穿着韩国的炸鸡以及泡面，还有《请回答 1988》中的炒年糕，等等。当某一种美食不断出现在观众的视线中时，它也就在观众的脑海里留下了深刻的印象，在《来自星星的你》中，每当主人公特别开心或者难过时都会点炸鸡或者烤肉去庆祝或是发泄情绪，当这种场面反复出现，自然会有受众在生活中去模仿，韩国的美食文化正是依靠这种传播形式在世界范围内得以有效传播。

基于此，牧野文化的传播应是一个长期的过程，传播者应抛弃短时期急功近利的心态，将具象的牧野文化符号放置于具体、适宜的社会文化环境中，保持文化的原生性，才能赋予文化以生命力和深度，实现受众对牧野文化中深层价值观的认可。

八、缺乏承载牧野文化核心价值观念的文化载体

随着科技发展日新月异，传媒行业迅速发展，新媒体、自媒体等媒介形态迅速崛起，成为除传统媒体报纸、广播、电视之外占据中国媒体舞台的新兴力量。全媒体不仅仅是一种传播手段，更是一种媒介形态与信息的生产方式。与此同时，它的覆盖面极广，足以渗透到人们生活的方方面面。这样一来，牧野文化要想得到良好的传播，总要通过一定的形式来实现，那就是具有一定宣传力度的文化产品。

美国通过好莱坞影片宣传其个人英雄主义与文化包容性，韩国通过韩剧和综艺节目向世界各国传承美食文化以及时尚文化，日本动漫早已成为象征日本国家的文化符号，凭借其独特的文化特征以及主流文化意识造就了强大的文化影响力。以《海贼王》为例，从中观众既可以看到日本的武士道精神，也可以看到欧美的冒险主义，同时还有中国的儒家思想。而牧野文化缺乏的正是可以展现其文化内涵的文化产品，尽管有一些视频以及少量书籍资料，但也并没有强有力的影响力，寥寥无几的浏览量让受众面极其有限，人们接触不到牧野文化的文化产品，

无法对其进行进一步的了解。

我国四大名著之一的《西游记》，是由明代小说家吴承恩所完成的中国古代第一部浪漫主义章回体长篇神魔小说，在中国拥有非常广泛的受众群体。以这部名著为原始剧本翻拍的电视剧与电影似乎看起来只是讲述了一个神魔传说故事，但是其实中华传统文化早已源源不断地贯穿在整部影视剧中，不论是孙悟空身上的忠义精神还是沙僧身上的任劳任怨品质，或是作品要告诉受众的“正义终将战胜邪恶”的道理，都是中华传统文化所不断倡导的，这正是以影视剧为文化载体向受众传播文化、传播正能量，于无形之中给人以力量。

可见，牧野文化在全媒体时代下的传播，必须有它独具特色的文化载体，才可以拥有多元化、多层次的传播方式。如果一味地依靠传统单一的文化载体就想大范围传播牧野文化，未免有些不现实，全媒体时代下，所有的一切都在发展，都在不断进步，文化载体也不断地更新出更加便捷的形式，给受众更为直接、良好的接受体验，牧野文化也需要如此。跟随全媒体时代的发展速度，寻找更好的可以承载牧野文化核心价值观的文化载体，是牧野文化传播的又一难题。

九、国际影响力不够，深层内涵有待挖掘

人类从野蛮走到文明，依靠的是文化的进步。世界各国的发展，是多元文化不断融合、不断进步的产物，就一个国家而言，文化的发展是使其不断前进的动力。牧野文化要想在全国各地乃至世界上拥有一席之地，必须深挖文化本身的深层内涵。

美国学者约瑟夫·奈提出了“国家软实力”的概念，认为文化、政治价值观和外交政策是国家软实力来源的三个方面，而美国的各届总统在对外战略上也总是不遗余力地推行美国价值观，实行文化帝国主义。在全球一体化的今天，各国之间的制衡已经从政治、军事、经济领域转移到了文化领域，通过文化的渗透甚至能够摧毁一个国家的灵魂，而这种渗透又是以不易察觉的、潜移默化的方式进行的。所以，守住本国的文化和价值观，使得根基不被外来文化、落后和腐朽文化所动摇，关系着一个国家的稳定。

中华民族拥有悠久的历史和传统，有着一脉相承的傲立于世的文化，也具有海纳百川、地承万物的气魄，主张取长补短、兼收并蓄、博采众长。随着时代的发展，人们的思想观念有了很大的变化，核心价值观的选择也更加丰富和多元化，这就导致了受众对文化的选择有了更多自己的想法，很多人会根据自己的喜好与

需要去了解各式各样的文化，因此多元文化的发展便产生了竞争。要想在各式各样的文化中脱颖而出，其实质便是文化创新。文化创新是文化富有生机和活力的重要保证，是文化发展的内在动力。时代迅速发展，人们在不断地接受各种新颖的文化形式，从以前的通过电视直播了解新闻时事到现在的随时随地都可以通过手机获取信息，全媒体时代下所有的一切都在进步着，而牧野文化若单靠自己的历史积淀与景点文化就想大范围传播显而易见是不可能的，所以牧野文化更需要创新传播形式。习近平总书记在党的十九大报告中指出："推动中华优秀传统文化创造性转化、创新性发展，继承革命文化，发展社会主义先进文化，不忘本来、吸收外来、面向未来，更好构筑中国精神、中国价值、中国力量，为人民提供精神指引。"①由此可见文化创新的重要性。因此，一方面要致力于传统文化固有的保存与保护，如经典文本、文物古迹、传统节庆、民间习俗、民间谚语等文化遗产，使之继续发挥作为传统文化的载体的作用；另一方面也要对其进行文化本身的现代价值的再创造，融入中国特色社会主义新的理念与价值观念，以及全媒体时代下新的传播方式与传播理念，进一步及时反映和体现出时代变化中涌现出的一些新思维、新观念、新取向，使文化更具时代特征和时代引导能力，使其具有更加强大的生命力，在全媒体时代中蓬勃发展。以拥有近千年历史的高桥古镇为例，高桥古镇被住房和城乡建设部、国家文物局授予"中国历史文化名镇"的殊荣，素有"万里长江口，千年高桥镇"之美誉。高桥绒绣、高桥松饼和本帮菜分别被收录为国家和市级非物质文化遗产项目。尽管拥有这么多的殊荣，但是高桥绒绣也曾濒临消失，为了使这一重要的传统文化得以延续发扬，高桥镇开始致力于打造一系列特色活动，艺术节、体育节、睦邻文化周、文化进社区等，不仅丰富了人们的生活，充实了当地的精神文明建设活动，也使得人们记住了高桥古镇文化。高桥镇"古镇再造、高桥复兴"计划这一工程最终成效显著。

改革开放以来，中国紧跟时代的脚步，以积极的姿态融入全球化发展的浪潮中，取得了举世瞩目的成就，形成了让世界惊叹的"中国模式"。但中国的这种迅速崛起也让西方资本主义国家感到了深深的危机，一些西方国家在世界和平的整体格局下开始通过文化和价值观念的输送来影响国人的思想。在这个日新月异的时代，人们在短时间内接触到了经济的快速发展和社会生活的深刻变革，不断被新生事物冲击着感官，在无形当中就接受了多元化的价值观和行为方式。这是

① 习近平. 决胜全面建成小康社会 夺取新时代中国特色社会主义伟大胜利——在中国共产党第十九次全国代表大会上的报告. http://www.gov.cn/zhuanti/2017-10/27/content_5234876.htm. 2017-10-18[2021-3-11].

时代变革的需要，但同时也要警惕其中别有用心的方面，与时俱进的先进思想是我们要取之为己所用的，但负面的消极观念是我们应该摒弃的。比如目前在中国，拜金主义、享乐主义等思潮已成为不少人的行事准则，并且通过各种非正式渠道进行着传播，在社会上产生了不好的影响，特别是对青少年产生了误导。

在这样一个多元并存、多种价值观冲击的时代，提高中华文化核心价值观在世界上的影响力，建立中华文化核心价值观在世界上的地位，能增强国人的自豪感和自信心。牧野文化就是中华文化的重要组成部分。我国的传统文化——孔子文化在世界范围内的发展是可借鉴的一个案例，孔子学院的成立和传统文化演出在国际舞台上的登场都向世人展示了中国文化的魅力。但是目前我国文化软实力的传播并没有形成成熟的模式和可供参考的范本，我国的文化价值观在国际舞台上的影响力较弱，比较容易受到强国文化的左右。西方资本主义国家特别是美国，掌控着全球传播的渠道，掌握着最新的传播技术，拥有成熟的传播模式和稳定的受众群体，主宰着国际传播领域的"话语权"，社会主义的价值观想要在国际舞台上占据一席之地确实任重道远。

在国际化背景之下，文化的传播水平不是单单靠文化的软实力来支撑的，经济基础决定上层建筑，经济发展的水平高低决定着文化的发展进程，经济的硬实力决定了文化传播的深度和广度。就牧野文化而言，文化影响力的提升必须以经济的发展为前提，经济的发展为城市创造吸引力，城市吸引力为文化研究制造机会。而新乡在中国尚且是一个经济发展尚未成熟的城市，更不用提在国际上的经济地位。这也就不难理解，为何新乡的牧野文化研究所成立多年，但是其研究却一直停留在与高校的合作方面，虽然也曾经举办过相应的活动，却没有得到较好的响应，没有形成一种能够把牧野文化推向世界的强大推力，新乡也始终没有能够找到一个将牧野文化推向世界的合适时机。由此可见，在全媒体时代下，传统文化创新传播形式刻不容缓，只有在日新月异的时代下不断变通，取长补短，才可以让传统文化逐渐丰满羽翼，让新乡将牧野文化推广到世界各地。

十、受众缺少生活的仪式感，传播精神缺失

文化的传播最重要的是精神的传承，有时未必是在传播某种具体的文化，也可能是一种千百年来传承的精神。在千百年来复杂而深刻的历史长河中，中华文化依旧在散发着自己独特的魅力。其间，无数学者都在尽自己最大的能力，一遍又一遍反思、自省、叩问着中华传统文化如何才可以历经千帆焕然一新，长时期

占据中国文化主流的儒释道文化及其传统也几经批判与质疑，甚至不乏一些学术界的争鸣之声传来，中华传统文化的现状看似并不乐观。

一个令受众不得不承认的现状是：在全媒体时代下，包括牧野文化在内的中华传统文化所发出的声音十分微弱。在时代日新月异，在世界各方文化交错的情形下，有些中国人对本地区、本民族文化逐渐失去了原有的兴趣以及信心，中华文化的发展道路十分坎坷，在很大程度上使传统文化丧失了一定的群众基础。而很多外国友人对中华传统文化的兴趣已经赶超国人，在中国，多少古时文人墨客珍贵的作品就这样被永远地封锁在了博物馆以及资料馆内，等待着下一个人去启封。然而不少外国学者对于中华文化兴趣盎然，选择汉语作为专业方向的外国学生越来越多，这也从侧面证明了中华文化的影响力。那为何会产生“国人兴趣较小”的现象呢？拿最普遍的“年味缺失”这一问题来说，经济的发展、生活节奏的加快令越来越多的人感慨找不回从前过年的感觉了，似乎拜年在更多的年轻人看来是在完成一项任务，而不是亲戚间的相互走动、交流感情。从前欢声笑语的饭桌上，出现了越来越多的“低头族”，每个人都玩着手机，发着祝福语，想着各自的心事。深究原因，与其说是传统文化的淡化，不如说是缺少了几分生活中的仪式感。

时间都去哪儿了？各种祖祖辈辈流传下来的传统仪式，往往只有逢年过节回到家乡才可以看到，但是出门在外的人并不是每一年都可以回到家乡，大城市的耀眼灯火，遮挡了多少人的眼睛，生活的仪式感缺失了，一些仪式被一点点地简化甚至略去，于是，春节的核心意义“团聚”似乎变得黯淡了。很多人说，在全媒体时代下，互联网便利了人们的交往沟通，却未曾想面对面的交谈和隔着手机屏幕的交谈终究还是不同的，年味似乎真的只能藏在我们的记忆里了。所以，找回年味，最重要的便是找回过年的仪式感，在迅速发展的时代环境下坚定自我，而不是陷入改变的漩涡。

牧野文化的传播也面临着这样的问题，传播者一味地以自己的思想为主体，总想着利用牧野地区的历史故事去吸引受众，却忘了追逐牧野文化本身的思想内涵与一些古老的仪式，枯燥的文化产品通常不会被受众所接受，受众不懂牧野文化的深层价值所在，又如何去传播牧野文化呢？

我们是否已经面临着牧野文化乃至传统优秀文化的不断缺失？牧野文化不能仅仅依靠喊口号和少数专家来传承发展。这是一个关乎“生存还是毁灭”的问题，不可否认，经济基础决定上层建筑，中国的发展离不开市场经济和全球化发展，但是更加离不开五千多年源远流长的中国传统文化，优秀的传统文化就像是中国巨人的精神内在一般，独立又自主，在西方文化不断入侵的今天，仍然屹立不倒。西方世界的近日成就，追本溯源，都源自西方的传统文化，如古希腊的民主与法制、文艺复兴时期的“以人为本”，等等。所以，传统文化从来都没有也不能退出历史的洪流。

牧野文化需要继承和发扬，鲁迅先生的“拿来主义”早就已经开始传播，可是我们在继承和创新牧野文化的任务上仍然处境窘迫。当我们享受着肯德基、星巴克的“西方氛围”时，西方人不仅已经对自己的文化有了很好的传承和发扬，且在更加积极地研究《孙子兵法》。中国人学来了社会主义，学来了马克思主义，更应该学习西方历史中的经验教训。作为“中国未来”的青年男女们，要以一种充分的文化自信去面对世界。

整理牧野文化进而传播牧野文化的任务是空前艰巨的，因为它牵扯着历史与现在、精神与现实，牧野文化的传播现状不是仅仅依靠口号和论文或者讲座、会议就可以有所改观，政府和社会的力量不可忽视。但是在信息化不断发展的今天，社会的传播力量有所削弱，具有巨大力量的不是其他，而是良好的社会风气，就如几百年前西方的文艺复兴和启蒙运动，是十分彻底的，是摧枯拉朽的，最终，新的文化诞生。中国的传统文化由于国人的冷落和时代摧残渐渐没落，在这个时候，中国人也必须正视自身，在重建自信的前提下进行创新。我们曾经推崇英语和数理，如今又痴迷于经济。在传统文化日渐没落的今天，人们似乎又意识到了通识教育的重要性，就像一个黄发总角的孩子一样，做事随大流，又举棋不定，这充分说明传播者是缺乏自主思考的，缺乏巩固牧野文化根基的强大力量。这是一种感性的社会行为，是牧野文化重生之前必然经历的“阵痛”。牧野文化在全球化进程中是否能够更加自主，取决于我国民众是否能够全面深层次地了解牧野文化，然后吸收、接纳外来的先进文化，只有这样，才有可能创造出符合当今甚至是今后中国发展方向的先进文化。

第四章　全媒体的内涵及特征解读

在媒介技术飞速发展的今天，各种新媒体不断出现在人们面前，眼花缭乱的传播形式轰炸着人们的视听，当人们已经无法用“报纸”“广播”“电视”这样具体的词汇来命名当下媒介的时候，“全媒体”这个词汇应运而生。通过运用融合性的传播手段、建构全新的信息传播渠道，全媒体对整个信息传播过程和传播理念产生了颠覆性的影响。自 2008 年开始，“全媒体”这个字眼开始频繁出现在国人眼中，学界和业界都开始探讨全媒体、运用全媒体，各大媒体纷纷走向了全媒体的发展道路。烟台日报传媒集团 2008 年成立了全媒体新闻中心，形成了崭新的全媒体内容生产框架，是我国最先走上全媒体发展道路的媒体集团，在当时引起了强烈反响。烟台日报传媒集团社长、总编辑郑强在采访中提出：“就如今信息技术日益全球化、社会化的现实背景来看，传统报业不可能与新的媒体形态、技术手段、传播渠道等‘势不两立’，必须融入其中，否则，就会与时代相逆。而要实现‘融入’，纸质媒体内部传统的生产方式、运行方式、传播方式首先需要实现自我转型，从传统报业独立作战向各种新旧媒体整合运营转变，进入到以互联网为中心进行整合传播、整合营销的新的媒体时代。”（转引自吕道宁，2010：45）

就国外的运用情况来看，“全媒体”这一词语也是在实践中提出并运用的，并不是一个新闻传播学界的术语。最先提出这一词语并加以运用的是美国一家家政服务公司——玛莎・斯图尔特生活全媒体公司（Martha Stewart Living Omnimedia），“Omnimedia”（全媒体）这一词语正是源于玛莎・斯图尔特在 1976 年创办的介绍自己烹饪和家装经验的公司。虽然公司名为家政服务公司，但是业务涉及纸媒、互联网、广播电视等领域，并充分运用公司旗下媒体宣传自己公司的家政服务和产品。虽然由于受媒介技术所限，在目前看来当时所谓的“全媒体”并不全，但是该公司已经开始重视将同样的内容通过不同的媒介形态进行多渠道传播，并跟随时代发展不断融入新的媒介形态。

关于全媒体的定义，新闻传播学界并没有统一的解释，而是从媒体形态、媒介运营管理、整合营销等角度分别给出了解释，这些定义的侧重点不同，但是都有利于理解全媒体传播的现状。王庚年在《关于全媒体的认识与探索》中指出："全媒体是在信息、通讯、网络技术快速发展条件下，各种新旧媒介形态，包括报纸、广播、电视、网络媒体、手机媒体等，借助文字、图像、动画、音频和视频等各种表现手段，进行深度融合，产生的一种新的、开放的、不断兼容并蓄的媒介传播形态和运营模式。"（王庚年，2012：8）这一定义落脚点在传播形态和运营模式上，对全媒体的技术手段和符号媒介进行了描述。

彭兰（2009：22）认为："全媒体化，则是指一种业务运作的整体模式与策略，即运用所有媒体手段和平台来构建大的报道体系。单一报道仍然可以是单媒体、单平台、单落点的。但是它们共同组成一个大的报道系统。从总体上看，报道便不再是单落点、单形态、单平台的，而是在多平台上进行多落点、多形态的传播。报纸、广播、电视与网络是这个报道体系的共同组成部分。"这一定义从具体的业务操作层面对全媒体的实际运用给予了解释，有助于新闻从业者理解全媒体的工作系统。

《"全媒体"概念辨析》一文对全媒体做了如下界定："全媒体是一种全新的媒介运营模式，通过对媒介形态、媒介内容生产、媒介营销手段等的整体融合，从而形成一个可以输出整合传播策略以及整合媒介资源的平台。"（姚君喜和刘春娟，2010：15）这一定义从全媒体的内容、形态、模式等方面对全媒体的运行现状进行了总结，较为全面地反映了"全媒体"的"全"。全媒体是一个产生自实践，发展于实践的概念，学界对其并没有统一的定义，而是仁者见仁、智者见智地从不同角度给予了解释。全媒体的发展并没有止步，随着技术的进步和实践的推进，全媒体的内涵仍然在不断丰富和完善。下面将从其内涵和特征两方面对其进行解读。

第一节　全媒体的内涵解读

全媒体不是某一个具体的媒体，也不是简单的一个个媒体的相加，而是将各类媒体融会贯通、各取所长，形成一个全方位综合性的信息传播系统，产生一加一大于二的效果。首先，全媒体具有独特的优越性，通过对媒介资源的综合利用大大提高了传播的性价比，极大地降低了传播的成本。其次，对各类新媒体资源的利用提高了信息传播的效率，也将受众的覆盖面无限扩大。最后，多媒体多渠道的传播提高了媒体的抗风险能力，分担了可能产生的传播风险。全媒体发展的趋势就是不同的媒介可以依据各自的特点自如地传递同一核心内容不同形式的信息，使受众接收的信息更加全面化、多样化，克服单一渠道传递信息的缺陷。信息传播的多渠道和分众化，使信息可以满足不同的需求，个性化、针对性、可定制的内容被提供，受众的选择范围扩大，传播效果能够得到最大限度的发挥。

一、传播媒体协同合作

从字面意义上理解，全媒体就是在媒体使用上的全面，但在实践当中并不仅仅是各种媒介都运用上就可以称为全媒体传播了。在实践当中，各媒体之间不是互相孤立、各自为政的，而是互相整合、互相协作，并达到深度融合的效果。不管未来会出现什么样的新媒体，都会被统合进全媒体的范畴内。全媒体是对媒体兼容并包的一种理念，既充分利用当下时代的新生事物——新媒体，也不摒弃为时代发展做出突出贡献的传统媒体，甚至可以说是为传统媒体开辟了一条新的发展道路，我国新闻传播业对全媒体的尝试正是从传统媒体开始的。

2007 年新闻出版总署启动全媒体数字采编发布系统工程建设项目之后，作为第一批“国家数字复合出版系统工程”试点单位之一，烟台日报传媒集团开始探索转型，从传统纸媒集团转型为内容制造商，成立了全媒体新闻中心，对信息进行统一采集整理，通过多渠道进行发布。人民日报社为适应全媒体报道的需要，成立了人民日报中央厨房，专注生产优质的精良内容，服务于《人民日报》、新媒体中心、人民网等旗下各类媒体，实现内容的集中采制和发布的多流向。2009 年中国网络电视台的开播标志着我国电视行业开始进入全媒体建构的时代，网络与传统电视共享资源，集双方优势于一身，开始了电视的跨媒体多终端发展之路。

不管是传统媒体的全媒体化，还是新媒体的全媒体化，二者都要求媒体从业者能够将各类媒体按照各自的特点进行整合，优势互补、科学配置，与受众进行全方位的沟通，使整合后的传播渠道产生大于单一渠道相加的效果，达到对传播资源的最大化利用，实现最佳的传播效果。江苏洋河酒厂股份有限公司在 2017 年 5～6 月举办的“我爱天之蓝——寻找蓝天守护人”公益活动就发挥了各类媒体的协同合作力量，充分体现了全媒体的传播叠加效果。对于此次活动，江苏电视台每天播放一条新闻专题加公益宣传片，新闻公众号、微博以及荔枝新闻客户端会对前一天的新闻专题以图文形式进行回顾，加深受众印象、扩大传播范围。同时移动终端的自媒体还展示江苏广电融媒体新闻中心的记者在线下采集的人物 3

分钟短视频，以对电视屏内容做补充。此外，新闻中心还将采集的视频素材做成微电影在网络进行播放。同样的内容用不同的形式、不同的风格在不同的媒体多渠道呈现，最大限度地传递了这些环保人士的感人事迹。经过一个多月的持续报道后，对最美蓝天守护者的评选也是多屏互动，充分利用了受众生活中最常接触信息的渠道——电视屏、计算机屏和手机屏。电视屏通过热线电话进行评选，计算机屏通过专门的网页端进行评选，手机屏则通过 H5 网页推广活动实现评选，最终三个平台的数据相结合选出了最美蓝天守护者，他们还受邀与江苏洋河酒厂股份有限公司的代表一起参与节目推广环保。“我爱天之蓝——寻找蓝天守护人”公益活动多屏发力，充分利用了各类媒体的优势，形成了媒体联动合作，实现了传播效果的最大化。

二、传播内容统合共享

无论媒体发展到什么样的时代，内容依然重要，内容继续为王，媒体只是为了更好地把内容传递给受众。通过巧妙的设计使内容成为传播的核心，才能够稳定住更多的忠实受众。无论我们使用的终端是计算机，还是手机，我们希望看到、听到的永远都是有价值、有灵魂的资讯。在互联网步入视频时代，未来绝大多数人绝大多数时间观看的视频内容还是由专业机构制作的。网民自制内容作为一个整体是有价值的，但是它只能作为专业机构制作的内容的补充。传统媒体尤其要借助其有较好知名度或者美誉度的品牌节目在新媒体上扩大影响力，一流的新闻、一流的影视作品和节目、一流的音乐将会永远吸引受众。

为了保证各媒体之间不会各说各话，失掉全媒体的协同性，全媒体模式下传播者对内容是统一采集、集中整理的，然后根据媒介特点对信息进行组合，将适合各类媒体的内容分发给媒体进行分流传播。在全媒体时代，由于媒体之间的界限不再那么清晰，所以原来的传统媒体正在从播出平台向内容提供平台转型，以创造出精良的内容供旗下各类媒体使用。优质的内容仍然是各媒介机构之间的核心竞争力所在，组建专业的内容制作平台、构建机构内各媒体共享的内容互联体系有效地整合了内容资源，提高了业务效率，提升了内容质量。通过对媒体优质内容资源的统合整理，并基于此制作出符合时代特点和各媒介特点的内容，能够促进传播机构在全媒体环境下的良性发展。内容在各分支机构之间的交换可以使得媒体内容资产得到合理的增值，从而提高内容资源利用率。但是在内容制作的时候要尽力避免内容的同质化问题，要结合市场需要来形成节目特色，确保内容的精品化，提高全媒体内容的市场竞争力。所以在全媒体时代仍然需要选择受众感兴趣、有说服力的内容，并通过对内容的合理策划和安排设计，表达出内容的价值和意义，以维持媒体长久的生命力。

在一次性统合采集所需信息资源之后，全媒体通过统一的平台对各种信息资源进行统一发布。二次制作的信息会根据各平台不同的特点对信息素材进行量体裁衣。以江苏省广播电视总台为例，全媒体内容共享平台位于全台网、IPTV、网络电视台、手机电视台、移动电视等系统平台之间，负责对各系统之间的信息流进行统一分发和调配（王海欢，2015：30）。该平台成立之后，对总台下各媒体内容资源的汇聚和统合呈现，既实现了内容资源的共享，又能让旗下各媒体依据自身特点各取所需。全媒体模式下的内容统合共享实现了资源的优化组合，既提升了媒体之间内容的整合力，也节约了资源，提高了内容竞争力。

三、传播符号丰富多样

瑞士语言学家费尔迪南·德·索绪尔将符号分为“能指”和“所指”，“能指”指的是符号的外在表现形式，“所指”指的是符号所表现的意义，即所指代的具体内容。比如“苹果”，能指就是“苹果”这个语言符号，具体的“苹果”这个事物就是所指。全媒体符号的多样化表现在有了更加全面的符号能指系统。全媒体突破了传统媒体对于传播符号上的单一限制，可以综合运用多种传播符号进行信息传递，如文字、图片、音频、视频、气味、光影等。这些多样化的符号作为信息的外在载体和表现形式进入全媒体传播渠道，它们相互作用实现了信息的全方位立体式传播，可以让受众以各种方式接触到统一内容的信息，既实现了多角度的覆盖，又不至于因为信息的完全一致而让受众产生审美疲劳。

数字技术的发展极大地丰富了信息传递的符号，使得信息可以通过多媒体的形式呈现，包括文字、图片、音频和视频等。数字技术支持下的信息表现形式不仅仅是传统媒体内容的简单复制、粘贴，多媒体多表现形式的内容使读者在接触信息的时候，可以调动各种感官或者选择自己喜爱的接触方式，从而给予读者全新的信息接收体验。早在 2006 年，《合肥晚报》在全国第一次推出“有声报纸”，通过有声的形式传播报纸的新闻内容。听者能根据自己的需要选择要听的报纸内容，还能根据需要来选择男声、女声两种不同的读报声音，还能配以背景音乐。数字报纸就具有朗读的功能，一定程度上可以让读者的眼睛获得休息。2010 年 3 月 9 日，世界上第一份 3D 报纸在比利时诞生。在这份名为 La Demiere Heure 的报纸 3D 版上，图片和广告都经过处理形成了三维效果，读者可以透过眼镜看到立体的图片，就像看《阿凡达》3D 电影那样。2010 年 4 月 16 日，《十堰晚报》推出“全国首份 3D 报纸”，报纸上的图片都经过了 3D 处理，读者带上 3D 眼镜后即可感受极具视觉冲击力的图片。

然而全媒体对于传播符号的运用也并不是随心所欲的，也是要受到内容和媒体品牌形象的限制，从而保持媒体的整合性。每一种传播符号在传播过程中都要发挥应有的作用，而全媒体将各种符号糅合在一起形成最佳的组合，传递给受众最合适的易接收的信息。以手机客户端上一篇移动端新闻为例，它需要有最基本的构成内容的语言符号和图像符号，还要有方便用户操作的触摸符号、进行交互的静态或动态符号，也要有渲染效果或进行提示的声音符号和色彩符号等。对于这些符号的运用要按照媒体的特点、受众的使用便利性以及想要达到的效果进行精心的设计，这样才能使受众正确、完整而流畅地了解到符号的所指。比如我们要安慰一个伤心的人，在全媒体时代，可以通过语音（打电话、发微信语音）进行，可以通过文字安慰，可以通过表情表示，可以通过视频表达，也可以通过发送微信红包以示安慰。在全媒体时代，有了更多的符号来表达同一个意思，充分运用符号的丰富性能带给受众更加多姿多彩的传播内容。

传播符号的融合也不能仅仅止于丰富受众的视听等感受，要积极探索出新的适合全媒体时代的传播符号，进行更深层次、更高效率的传播。比如现在经常使用的二维码就是基于全媒体时代数字技术而产生的一种特殊符号，这种符号并不是单一地作用于人的视觉，在其看似乱码一样的视觉形象背后却隐藏着丰富的内容，或者可以说我们永远不知道扫描完二维码我们可以进入一个怎样的信息世界。文字、图像、音频、视频等多样态的信息深嵌于二维码的背后，受众可以通过很便捷的扫一扫的方式了解更全面的信息。比如在卖场我们想了解一个产品的信息，传统的方式一般是通过销售人员现场解说、查看宣传单、观看产品视频等，而现在只需扫一下二维码便可以获知关于产品的全面信息。

四、运营管理统筹规划

对于全媒体的解释的一种说法就是全媒体是一种新的媒介营销管理，全媒体时代打破了传统媒体的单一经营模式，使媒体开始走向多元化经营之路，在组织结构上打破了传统模式中不同媒体之间孤立、互不干涉的局面，而是统一归于集团管理，实现资源的统一调配、媒体的互相融通。只有创新符合全媒体发展需要的运营管理模式，媒体才能生存，否则面对全媒体带来的变革，死守单一媒体的运作模式只能自取灭亡。

运营管理的融合主要指在传播形态和传播符号融合的基础上，在媒体组织管理运营方式上的创新。即对旗下媒体进行统筹规划管理，发挥各个媒体渠道的特点，对媒体资源进行最佳的搭配，对信息源进行多样化组合，同时找到各个内容渠道的融合点，充分利用各种渠道传播信息，最终实现效率与收益的平衡，通过最高效率与最大收益实现运营模式的创新。对于传统的广播电视机构来说，目前最常见的模式即广播电视融合新媒体技术，与互联网媒体或者新媒体合作，实现内容、渠道、运营模式的融合，并在此基础上实现创新。全媒体运营是一种新的产业运营模式和战略思维，需要把运营思维从单一媒体转移到多个媒体互联互融、统筹管理上，使得组织拥有更多的媒介传播渠道、更强的内容制作能力和更先进的经营管理体制。当然，全媒体运营并不意味着媒介机构必须囊括当下社会的每一种媒介，而是要根据自身的能力、条件和业务范围有选择地发展全媒体战略，不能盲目扩张。在全媒体时代，媒介的产品组合更加复杂，信息生产流程更加系统化，对技术的要求也不断提高。传统媒体在全媒体化转型的过程中可能会遇到以前接触不到的问题，可以将自己的弱势项目通过外包或者战略合作的方式进行发展，也可以将自己不擅长的方面交给专业的机构去做，省去了培养专业人才、建立专业部门的人力和物力。对于自己的优势项目，要尽可能对其周边进行扩展，吸引更多的优势参与者，让强者更强。全媒体的统合经营管理具有对资源优化组合、对媒介综合运用、对产品统筹分配的特点，要在这个基础上以内容为核心产业打造高质量内容产品，选择数个适合自身的媒体进行组合，形成全媒体传播矩阵。

《南方都市报》是较早进行全媒体转型的传统媒体，它在摸索中前进，逐步完善其运作过程、建立品牌、优化产品、稳固市场，已经初步建立起了差异化的全媒体运营“南都模式”。哈佛大学商学院的迈克尔·波特教授在《竞争优势》中提出：“每一个企业都是用来进行设计、生产、营销、交货以及对产品起辅助作用的各种活动的集合。所有这些活动都可以用价值链表示出来。”（迈克尔·波特，2005：36）也就是说，企业运作某一个环节的出色并不能保证企业的整体竞争力，而是要在企业生产的各个环节都能够保证质量。打造品牌是企业发展的长久之计，优秀的产品是企业维持生存的必备手段。《南方都市报》践行了“南都，无处不在”的全媒体核心理念，将媒体的影响范围进一步拓展。在跨地域办报上，2003 年南方报业传媒集团和光明日报报业集团联合主办《新京报》，使《新京报》成为我国第一家获得正式批准的跨地区经营的报纸。在时事评论上，《新京报》

将《南方都市报》首创的时评版面继续发扬光大。此外，2007年9月19日，《云南信息报》的主办单位也加上了南方报业传媒集团，其中娱乐体育国际副刊的内容大部分都来自《南方都市报》，超越了昆明当地其他媒体的信息渠道。2006年，《南方都市报》与《南方日报》联合打造了“2+6（珠江三角洲城市日报群）+2（港澳）”模式，进一步增加了报纸的覆盖面，提升了品牌的影响力，实现了区域报纸的全国覆盖。媒介融合与广电媒体合作也是《南方都市报》的一项重要举措，2009年其与广东人民广播电台合办广播节目“南都视点·直播广东”，还与珠江三角洲各电视台和电台在业务上展开全面合作，实现了三大传统媒体的融合。此外，《南方都市报》的全媒体战略也延伸到了其他行业，比如户外新媒体行业、活动和论坛策划行业、互联网行业等。《南方都市报》从而形成了包括报纸群、广电群和新媒体群在内的融合性媒介集群，加上其他周边行业，在全媒体产业链上实现了全渠道、全时段、全方位的覆盖传播。为了实现企业品牌的增值，也为了扩大模式的受益范围，《南方都市报》成立了南都大数据研究院，旨在打造中国最具影响力的智库型媒体，也促进了集团的跨越转型。

第二节　全媒体特征解读

全媒体传播虽然具有很多新的技术和时代特征，但在本质上依然属于传播学领域的内容，其传播过程依然遵循传播学中的过程模式。美国著名政治学家哈罗德·拉斯韦尔在1948年发表的《传播在社会中的结构与功能》一文对人类的传播过程进行了模式建构，提出了著名的“5W”模式——谁（who），说了什么（says what），通过什么渠道（in which channel），对谁（to whom），取得了什么效果（with what effects），传播学也由此衍生出了研究的五大领域——控制研究、内容研究、渠道研究、受众研究和效果研究。本节内容将从传播过程的五个环节去解读全媒体时代下的传播特点。

一、传播者两极化

（一）专业传播者一专多能化

由于全媒体模式下媒体之间界限模糊，专业传播者在采集制作信息时需要满足各种媒体的需求，这就对专业传播者提出了更高的要求。传统媒体环境下，记者按媒体区分为报纸记者、电视记者、网站记者等，每种记者只要能够制作出适合自己媒体传播的内容即可。在全媒体时代，行业对于全媒体传播人才的要求提升，要求传播者既能够写出深度报道，又能够通过手机等新媒体对突发事件进行及时传播，同时还要能采集视频、图片等直观信息。全媒体组织的顺畅运作要依赖全媒体人才，这也是传统媒体顺利实现全媒体转型的关键。全媒体传播者要具备多媒体内容采制的能力，熟悉各类媒介的传播特点，了解各种传播设备的功能和使用方式，从传统媒体时代为单一媒介采制信息转变为全媒体信息采集。

在具备采集多种媒体信息的基本能力的基础上，每个全媒体传播者还应该有自己擅长的媒介领域或专业领域以更好地适应受众细分化的需求。如果每个媒体采集到的信息都是全而泛，那就又陷入了同质化竞争的尴尬境地，这就需要在某方面有专长的全媒体传播人才来化解。在某一领域拥有核心专长的记者就是媒体在这一领域的核心竞争力，能够使媒体在这一话语领域占领制高点，满足分众化时代细分受众对于信息的高要求。

（二）草根传播者开放化

全媒体开放式的媒介生态环境给传统的传播模式带来了根本性的变革，直接造就了传播者的开放性。在传统的传播模式如施拉姆的大众传播过程模式中，掌握媒介和传播渠道的往往是专业的媒介组织，普通的民众缺少运用媒介传递信息的机会，只能作为被动的接收者存在，仅能有极少数并不及时的反馈机会。而在全媒体的环境下，由于媒体的多元化和传播渠道的开放化，每个草根民众都有了成为传播者的可能，从而导致了众创群体的产生。由于媒介接触和使用的低门槛，每个持有媒介终端的用户只要愿意，都可以成为信息的采集者和发布者。一些新闻不再是起源于专业传播者，而是发端于微信、微博，民间新闻的崛起已经成为全媒体时代信息生产的一种特色。在一些民生事件或者突发性公共事件中，草根传播者以其身份地位的接近性和言论的领导力推进了事件的解决。

任何事物都具有两面性，全媒体的开放性为草根传播者提供了传播信息的便利性，但也可能导致非理性言论的泛滥。草根传播者由于缺少职业培训，在发布信息时常带有个人情绪，甚至一些别有用心的传播者会有意地引发一些情绪，引导舆论走向，给当事人造成不该有的伤害。一些非理性的言论由于全媒体的开放性以及传播的迅速性而难以得到控制，可能引起事件走向恶化和极端。

二、传播渠道整合化

全媒体的主要特征之一就是传播渠道的全面性，这里的渠道不仅仅指传播媒介，而且包括了传播技术、传播形式等信息的载体和可以借助的手段。在全媒体时代，传播者可以通过对纸媒、广播电视、网络、电影等媒介形式，文字、图像、色彩、声音等符号载体以及网络技术、流媒体技术、全息成像技术等的综合运用，形成全方位的信息传播攻势。这种整合不是单一的渠道叠加，各行其是，而是对各种媒体形式的糅合和融会贯通，形成统一的集成式传播。每一种渠道都有着自己的受众，有些渠道的受众可能只是“小众”，全媒体时代对于渠道的交叉组合利用可以将这些小众汇集成“大众”，在内容成本一次付出的基础上通过渠道将受众范围尽可能拓展，实现长尾效应。在传播的过程当中，全媒体还会时刻关注受众反应，以受众需要为根本，对媒介形式及传播渠道及时做出调整，使得传播更具针对性、个性化，覆盖更加精准。全媒体时代媒介间的互融互补已经成为常态化的媒介运用形式，各类媒体针对不同的内容和受众形成最佳的组合搭配，彼此间优势互补、互联互通，创造了一个全天候、全方位、即时性的信息传播环境。

《舌尖上的中国 2》在制作的时候使用了 4K 高清摄像机，采用了微距拍摄、大光圈构图等拍摄方式，画面鲜活精美，带给受众精彩的视觉体验。除画面外，温润饱满而充满情感的解说词也让观众得到了美好的听觉享受。该片播出的时候采取了多渠道联动、传统媒体与新媒体相结合的方式，除了在央视一套和央视纪录频道播出外，还在腾讯视频、优酷等主流视频网站同步播出。腾讯视频在播出正片的同时还通过微信、微博等与受众积极互动，除此之外还在视频客户端的各频道针对每期不同的主题播放宣传短片以营造声势。在播出几天后，《舌尖上的中国 2》便登上了微博最热话题榜，引发了一波又一波的讨论，网友们还纷纷模仿“舌尖体”，助力该片保持持续的影响力。

《中国达人秀》在宣传推广和播出的时候更是充分利用了多媒介组合，其在选择媒介的时候充分考虑了每种媒介的优势以及目标人群，针对媒介特点和目标受众喜好设计投放信息，以获得最好的传播效果。在进行媒介组合的时候，节目组没有放弃传统媒体一味地偏向新媒体，而是首先选择了电视和报纸两大传统权威媒体为自己造声势。同时，《中国达人秀》在各大门户网站展开了全面推广，除了搜狐、网易、新浪、腾讯等商业性门户网站之外，主流媒体门户网站如新华网、东方网也在其媒介组合当中。通过这些大型门户网站，节目组向受众传递了自己的主流价值观和积极的人生观。除了向受众传递信息外，《中国达人秀》还开设了贴吧、论坛等供受众讨论。2010年是新浪微博崛起的一年，节目组也及时地抓住了这一新生事物，利用微博引发话题，形成病毒式传播。在优酷、土豆等视频网站，除播出节目相关视频外，《中国达人秀》节目组还开辟了选手选拔通道，进一步提高了参赛便利性。在与中国电信网络电视平台百事通 IPTV 的合作中，节目组开通了投票功能，使电视用户也能够及时地参与互动。第二季《中国达人秀》还首开在数字电视上投放广告的先河，并与中国移动和中国电信合作通过短信和电子杂志等形式推送节目。在第二季的总决赛现场，节目组制作了一款 iPad 客户端，现场观众可以通过安装客户端自由选择场内任何一个机位的画面，不再被动地接收由导播切出的画面。《中国达人秀》的节目播出和全渠道宣传对受众形成了全包围的媒介攻势，是全媒体传播的一个典型实例。

三、传播内容多样化

优质内容是媒介融合时代传媒企业盈利的来源。价值发现是企业营利模式设计的首要关键，对我国传媒企业营利模式进行重新设计首先要找准企业的核心竞争优势。数字技术和网络传输技术的革命性发展带来了信息量和传播渠道数量的急剧增加，而有价值的内容相对于渠道而言却成了稀缺资源，这种稀缺资源恰恰是媒介融合背景下传媒企业的利润源。

从用户需求看，传媒的收益建立在受众对内容需求强度的基础上，越是能满足受众个性化需求的内容，受众越是愿意支付较高价格。传媒市场受众有三个层次的需求：规模化需求、多样化需求和个性化需求。在传媒业发展历程中，随着渠道的拓展，前两个层次的需求已逐步得到满足。但是，由于以前缺乏大规模定制的渠道，个性化需求尚未得到满足。基于数字技术的媒介融合为满足受众的个性化需求提供了可能，比如数字电视、RSS 就是可以进行大规模定制的信息平台。一旦大规模定制成为现实，传媒业发展的瓶颈就是用什么内容满足受众的个性化需求。

从企业运作流程看，优质内容是传媒企业利润的主要来源。运用流程分析法对传媒业运作流程进行分析，在全媒体经营中，出版有编、印、发等业务流程，广播电视是采、编、播三环节一体化。“大传媒”出现后，传媒价值链将由内容的采集、制作、传送、分销和终端呈现五环节构成。可见，无论哪种流程都是基于内容，都要以优质内容资源为运作起点。

从产业角度看，无论是“全媒体经营”还是“大传媒产业”，都需要优质内容资源。新媒体之所以能茁壮成长，就是因为有传统媒体供给的内容养料。人们之所以热衷于谷歌、百度等搜索网站，不是因为检索技术本身，而是因为检索获得的内容。可见，传媒业的最大优势还是其内容资源，无论将产业链伸向网络销售终端还是电信通信，都需要依靠内容生产与服务实现盈利。

传统媒介环境下信息的生产受到媒介的制约，只能依媒介特性而动，媒体工作者在采集和编辑信息的时候首先考虑的不是受众的需求，而是媒介的特性。比如电视在传播信息时可以声像并茂，但由于时间和频道的限制，在深度调查和报道范围上有所欠缺，而杂志虽然适合做深度调查，但在现场感和形象感上存在不足。传统的信息生产模式要按照媒体的技术特点来制作内容，比如报纸只能制作图文新闻，电视只能制作视频信息，广播只能制作音频信息等。在传统信息生产模式下受众的需求被忽略掉了，只能被动地接受依媒介特点而生产出来的信息。在全媒体信息生产模式下，可以对受众进行无限细分，细分到每个终端的持有者可以接触到适合自己口味的信息。全媒体时代的到来，也为信息采集者提供了充分的发挥空间，“背包记者”可以不受媒介限制综合运用各种工具采集信息，并且随时编辑成各种类型的内容发布到全媒体平台上，对受众形成全方位的接触。而受众也可以依自己的媒介接触条件和喜好选择接触信息，满足自己的需求。

四、传播受众细分化

在全媒体时代多样化的内容提供与差异化的受众需求的双重推动下，受众出现了愈加分化的趋势。全媒体打破了单一媒体传播带来的局限性，使得人们可以主动选择信息、获取信息，以高效率地满足自己的信息需求。在全球文化交流不断发展的今天，不同地域和文化间的交流互融进一步加快，人们的思维模式、价值观念、行为方式和生活习惯都呈现出多元化的特点，对于信息的需求和获取方式自然也各有不同、千人千面。为了适应受众对信息需求的变化，全媒体已然不像传统媒体时代那样把所有的受众看成一个人来对待，而是尽可能地考虑到受众的分众化现实和个性化需求，传递给受众差别化的信息。

在全媒体时代，受众主要在接受途径、接受内容和对互动的需求三个方面表现出分化现象。

（一）接受途径

当今社会是一个信息技术飞速发展和普及的时代，信息技术已经成为推动时代发展的动力。虽然信息技术已经相当普及和实用化，但是由于地域、经济、文化等方面的差异，受众对于信息技术的掌握程度依然有所差别，这就导致在全媒体时代进行信息传播的时候要根据受众的媒介接触状况来有所选择地使用媒介组合，对信息技术的掌握程度和信息终端的拥有量成为全媒体时代受众细分化的一个重要指标。信息技术虽然已经深入人们的日常工作和生活，但从整个社会公众的范围看，信息技术覆盖的范围存在着较大的不均衡性，不同社会背景的人对信息技术的掌握情况仍然存在很大的差别。国家信息网覆盖的不均匀和信息终端设备拥有的差异性产生了受众在接受信息途径上的差异，这一差异反映在现实生活中就是：信息技术覆盖全面的地区、拥有较好终端设备的受众对信息技术掌握比较熟练，从而接触全媒体的能力比较强，更习惯于用现代手段来获取信息。同时，他们获取信息的速度更快，获取的信息量也更大；反之，缺乏信息技术覆盖的地区、较少拥有智能终端的受众则不太习惯全媒体传播，而更偏向于通过传统媒体途径获取信息，通常获取信息较为滞后，获取的信息量也较小。中国互联网络信息中心（China Internet Network Information Center，CNNIC）在 2021 年 2 月 3 日发布的第 47 次《中国互联网络发展状况统计报告》[①]指出：截至 2020 年 12 月，我国网民规模为 9.89 亿，互联网普及率达 70.4%；手机网民规模达到 9.86 亿；农村网民规模为 3.09 亿；即时通信用户规模达到 9.81 亿，网络新闻用户规模为 7.43 亿，网络视频（含短视频）用户规模为 9.27 亿，在线政务用户规模为 8.43 亿。这表明技术媒介平台和现代化的信息获取能力是两个重要指标。一方面，城镇的信息化建设比较完善，从信息条件上来说比农村要强，导致城镇的网民数量和比例大大高于农村。另一方面，年轻人对新生事物的接受能力强，更容易和乐意接受信息化带来的变化，所以他们在信息技术的学习运用方面明显优于中老年人，从而在信息技术使用上呈现出年轻人与中老年的差异。

全媒体时代的传播并没有绝对抛弃传统媒体而偏向新媒体，而是针对受众的接受特点进行有针对性的媒介选择，目的便是在媒介接触途径上最大限度地覆盖受众，使得信息内容通过所有受众可接触到的途径进行传递。

（二）接受内容

在现代信息社会，人们对媒体信息的选择显示出巨大的主观差异性。广大受

① 中国互联网络信息中心. 第 47 次《中国互联网络发展状况报告》. http://cnnic.cn/hlwfzyj/hlwxzbg/hlwtjbg/202102/P020210203334633480104.pdf. 2021-02-03[2021-03-04].

众可以根据自己的价值观念、媒介习惯、性格爱好、个人兴趣等自由地选择媒体信息进行接触，受众因对媒体信息内容的不同偏好而形成了不同的群体，全媒体时代会根据受众对内容的不同需求而制作有针对性的内容来满足细分化的受众需求。

随着全球化的发展，不同地域和不同文化背景的人们之间的联系越来越频繁，多元化的社会生活日渐成为基本形态。不同文化背景、地域来源、价值观念、行为习惯和性格的群体共同聚集在一个社会空间内，各有所好，各取所需，差异化的个体导致了差异化的信息需求，这造成受众在内容需求上的分化，全媒体的出现极大地满足了受众这种差异化的信息需求，并根据差异化的信息需求形成了新的全媒体信息发布态势。全媒体时代因人而异的信息内容制作方式代替了传统媒体时期千人一面的单一信息内容制作模式，满足了受众对内容的不同需求。

（三）对互动的需求

在与受众的关系上，全媒体时代与传统媒体时代信息传播最大的区别就是互动性。传统媒体时代信息传播呈现单向性的流动——从媒体流向受众，受众处于完全被动的信息接收局面。全媒体时代的到来改变了这一局面，信息传递变为双向甚至多向的信息交互，受众的主动性增强，与媒介的关系也更加灵活化。交互性使得受众产生了新的分化现象：一方面，喜欢与人交流并发表观点的受众会选择具有交互功能的媒体来进行信息接触活动；另一方面，自媒体的多样性可以使人们不依赖于规范化的信息媒介组织而和受众相对独立地进行信息交换，开辟了人际传播的新渠道。比如QQ群、微信群、微博等都为受众独立于有组织的信息媒介之外进行信息传递提供了条件。

有了互动性信息技术的支撑，传播者与受众之间建立了交流互动的双向传播关系，双方可以通畅交流，互相提供信息。这种双向互动传播关系的建立标志着公众的言论表达权得以实现，改变了传播者单方面控制信息传播的局面。

五、传播效果精准化

传播效果在狭义上指具有宣传或说服目的的传播行为在传播对象身上引起的心理、态度和行动的变化，通常意指传播行为在多大程度上实现了传播者的意图；在广义上，传播效果指报刊、广播、电视等大众传播媒介的活动对受众和社会产生的一切影响和结果的总和，不管这些影响和结果是有意的还是无意的、直接的还是间接的、显在的还是潜在的。

狭义上的传播效果指的是带有说服动机的传播行为在受众身上引起的心理、态度和行为的变化。从这个角度衡量，传播效果指传播活动在多大程度上实现了传播者的意图或目的。不管传播者有没有传播意图，他们所从事的传播活动总会伴随着各种各样的结果。从这个角度衡量，传播效果指受传者受到了传播活动的影响，在什么方向、多大程度上强化或改变了他们的态度和行为。传播效果既体现在具体微观的传播过程中，也体现在综合宏观的社会传播过程中（郭庆光，2011）。

利用全媒体进行信息传播，能够合理根据需求、结合各种表现形式和传播手段，利用最小的投入获得最佳的传播效果。在全媒体环境中，信息内容的传播更有针对性，由于信息技术的发展，人们可以获取关于受众的更精确数据，并根据数据测得传播效果，使得传播效果有据可查。人民日报社的全媒体平台就设有全面而精准的传播效果评估系统，对于信息的传播渠道、转载、评论等都有着详细的地点、时间、数量等数据显示，此外内容的引用情况和标题的修改情况都可以查询。不管信息是来自报纸、杂志，还是网站、客户端，都可以作为被追踪的对象。在追踪的范围上，既可以对信息进行全网追踪，也可以测定信息在特定媒体平台上的传播。在大数据的支持下，全媒体传播平台可以对信息传播的效果进行科学而相对准确的评测，为进一步修正传播方式提供切实可行的指导。

第三节　全媒体对于传统文化传播的作用

全媒体时代既给我们带来了挑战也带来了机遇，传统文化传播应该不惧挑战并且适时抓住机遇，积极创造机会，在传承文化的基础上将优秀文化发扬光大。认清全媒体传播能够提供给我们恰当的传承策略是必要的前提，它能够促进传统文化在现代化的环境下以符合现代人的审美需求和审美期待实现传承，赋予传统文化以新的活力。在全媒体传播的大背景下，传统文化可以通过书籍、报刊、电视、网络及各种新媒体等不同媒介进行传播，不同的媒介所产生的传播效果也各有不同。以此类推，就形成了对传统文化的立体而有层次的传播。各种媒介通过相互的融合和差异性互补，使文化迅速地走入受众的视野之中，形成文化讨论和传承的社会常态。

一、因地制宜，助力传播内容顺畅交流

不同文化之间的传播由于地域、历史、习俗、语言等方面的差异，可能会产生沟通上的障碍，也可能产生理解上的困难。在全媒体时代，信息传播技术的进步带来传播内容制作的便利性，在文化传播的过程中，可在保持文化本体内核的同时，融入目标受众喜闻乐见且易于接受的内容，制作出目标受众乐于接受的文化产品。

（一）内容的丰富性促进受众对信息的全面了解

全媒体有利于文化信息内容的整体深度挖掘与全面呈现。在传统社会，由于传播方式的单一性，文化传播的内容往往是碎片化的，如古代文献所记载的“交趾”（古地区名，泛指五岭以南）“儋耳”（今海南地区）等，主要是基于南方部分少数民族的身体文化进行的传播；关于“产翁”“考赤郎”等记述，主要是基于猎奇心理并局限于文字表述的传播。报纸、杂志、广播等媒体的出现，使得民族文化的传播内容虽然比历史上丰富，但由于这些媒体形式的限制，传播内容仍然是碎片化的。全媒体时代，由于传播技术手段的多样性，民族文化可以获得整体深度挖掘和全相呈示。对一种类型的文化现象利用文字、声像、动画、虚拟等符号，通过广播、电视、电影、报纸、杂志、网站等不同媒介融合呈现，将有利于民族文化传播内容的整体表达和传播意义的完整理解。特别是大数据时代到来，全媒体与大数据有效结合，将会带来传统文化传播的全新时代。

在全媒体时代，信息的传递不只依靠单纯的语言，而是充分利用图片、音频、视频等各种形式将同一内容传递给受众。这就避免了单一内容信息的枯燥无味，增强了受众的信息接触欲望。在传播的过程中对于文化差异较大的地区要充分运用各种元素使得受众能够准确、全面地理解所传递的内容。2008 年汶川地震时，由于国际关注度较高，为了让国外受众深入而全面地了解汶川地震，中国日报网采取了视频直播、记者连线、专题报道、图片展示等多种报道形式，提供了详细准确的信息内容。由于汶川对国外受众来说是个陌生的地方，所以在报道的过程中也穿插了对汶川的介绍，于有形无形之中传递了中国文化。

（二）内容编排的灵活性有助于目标受众接受内容

全媒体时代内容编排的灵活性使得内容规划可以从目标受众的文化背景出发

进行编排。虽然传播者都会有意识地去创作目标受众乐于接受的作品，但由于传播者可能与目标受众处于不同的文化环境中，长期以来形成了思维方式、价值观念、审美情趣等方面的差异，导致受众端的译码失败。编码者在深入了解目标受众整体特征的基础上，设身处地地站在目标受众的角度进行创作，这样才能真正了解目标受众喜欢什么样的内容。在 BBC 和 CCTV 合作拍摄 *Wild China*（《美丽中国》）的过程中，制作者便采用了一个母体两个版本的影片形式，运用同样的素材库，根据中英两国受众的不同审美偏向和理解方式，进行了不同的内容编排和影片剪辑，并且设计了不同的解说词，比较成功地解决了同一内容在不同文化背景中的传播问题。同理，在国内大热的电视剧《甄嬛传》在国内播出时有 76 集之长，而在美国播出时，照顾到美国人的低语境思维模式，就省去了很多绕弯、钩心斗角的场景，而更强调故事的紧凑性和紧张感，以至该剧被缩减成 6 集（每集 90 分钟）的电视电影[①]。

当传播者与受众处于同一文化背景中时，编码与译码没有障碍和困难。如果二者不处于同一文化背景中，编码者就要站在译码者的立场去考虑编排内容，或者让具有目标受众文化背景的人参与到编码过程中。在制作完成后，先在目标受众当中进行小范围测试，看是否符合目标受众的审美习惯，然后再进行正式的跨文化传播。

（三）灵活多样的表达方式增强受众的兴趣

在文化传播过程中，传播者所使用的行文成片方式、表现出来的风格等可能不能迎合目标受众的喜好，导致文化传播的失败。填鸭式的知识信息灌输很可能会引起目标受众的接受逆反心理，因此采用更加灵活的方式，将文化传播寓于各种场景之中，用受众乐于接受的方式在无形中将文化内容传递出去可以大大引起目标受众的兴趣，从而提高文化传播的效果。好莱坞影片《功夫熊猫》当中的主题元素“功夫”和“熊猫”都取自中国传统文化，电影将两种看似毫不相关的事物结合在一起，融入幽默、戏剧的元素，采用受众乐于接受的动画电影形式将其传递出去，在中国和美国都取得了很好的传播效果，可以作为文化传播的一种借鉴。此外，将文化元素融入音乐、舞蹈、手工艺品等无文化障碍的文化产品中传递出去，也会提高文化的接受度和普及率。

---

① 柳瑜玲. 美版《甄嬛传》剧情缩减“老年甄嬛”每集首尾出现. https://www.chinanews.com/yl/2015/04-02/7180643.shtml. 2015-04-02[2021-03-04].

二、掌握大数据，实现目标对象的全接触

在全媒体时代，媒体技术、数字技术、网络技术都有了突飞猛进的发展，媒体已经开始运用大数据来对受众的年龄、职业及其经常接触的媒介等进行精准分析，从而实现有针对性的媒体组合传播。

（一）多媒体组合，多渠道覆盖

现代传播技术的发展使越来越多人的生活依赖于各种各样的媒介，各种媒介的覆盖面大大增加，现代人与媒介的关系更加密切，媒介不再单单是获取信息之用。现代人这种以媒介傍身的生存方式，使文化传播可以打破地域、职业、性别、年龄、教育程度等方面的界限，实现更广范围、更多角度的传播。随着互联网技术的进一步发展、各种媒介使用人群的不断增加和媒介覆盖范围的持续扩大，理论上受众可以在各类平台上接收到信息。在全媒体时代，传播的主体由政府组织和媒介组织扩展到了个人，文化传播可以充分利用这些传播主体，形成宏观和微观相结合的更加全面的覆盖。

官方渠道具有资金雄厚、制作水准高、权威性强、覆盖面广等优势，能够在正式的渠道中形成较大的接触面。2016 年 7 月，南海仲裁案发生之后，为了让世界人民了解事件的真相，中国制作了 3 分 12 秒的南海主题宣传片，在有“世界十字路口”之称的美国纽约时代广场于 7 月 23 日至 8 月 3 日以每天 120 次的频率播出，向全球受众介绍南海的历史，陈述了中国无可争议的主权。在如此短的时间内制作出如此有分量的宣传片，并且通过颇有影响力的媒介展现，体现了政府和媒介组织在传播方面的优势。

政府或媒介组织作为传播主体有其无可比拟的优势，但是在自媒体层出不穷的当下，个人传播者的力量也是不能忽略的。自媒体弥补了官方媒体的不足，以其亲和性、易传播性和主动接触性赢得了广大受众的欢迎，因而在受众当中能够形成病毒式传播，迅速扩大影响面。

（二）新与传统相融合，形成多思路传播

全媒体时代为文化传播带来了新的契机，大大拓展了文化传播的空间。将传统文化与现代媒介技术进行创新组合，赋予传统内容以新的活力，提升文化传播的能力，使目标受众通过各种新兴媒介跨越政治、文化、民族等差异对文化传播

本体有更全面、更真实的认识。

青少年时期是一个人世界观和价值观形成的关键阶段，青少年也是文化传承的重要群体，相对来说更能接受新生事物，抓住这部分人群进行文化传播无疑是一个很好的选择。比如利用青少年受众对动漫的喜好心理，将文化制作成动漫的形式，在视频网站或者自媒体中进行传播，寓文化传播于娱乐欣赏之中，可以缓解受众的抵触心理。

此外，还可以利用 3D 技术和数字技术，将文化景点等“搬上网”，比如数字故宫的建立，就可以让全球受众足不出户了解故宫。也可以建立 3D 实景博物馆，让世界各地想了解当地历史、当地文化的人都可以方便地进行观赏。

第五章　全媒体传播环境为牧野文化传播提供的路径分析

第一节　新媒体与传统媒体有机结合促进牧野文化传播

牧野文化属于区域文化，影响力较小、知名度较低，而且呈现出碎片化的状态，所以一些文化事件不能引起传统媒体的介入和报道，这反过来又会影响牧野文化影响力和知名度的扩大，形成恶性循环。在全媒体时代，出现了独立于传统媒体之外的很多新的媒体形式，新媒体具有开放性、个性化、即时性、互动性等特征，为信息的传播提供了更广阔的空间。新媒体虽然在权威性和影响力上不及传统媒体，但经过新媒体广泛传播的事件也会进入传统媒体的议事日程，从而增强报道的权威性。1972 年，美国传播学家 M. E. 麦库姆斯和唐纳德·肖在《舆论季刊》上发表了一篇对 1968 年美国总统大选的调查报告——《大众传播的议程设置功能》，提出了“议程设置理论”。这一理论认为，大众媒介往往没有左右人们意见和看法的能力，但是却能够影响人们关注什么事件和问题，也就是说大众媒介不能左右公众“怎么想”，但是能影响公众“想什么”，大众媒介报道越多的事件就越能引起受众的重视。在全媒体时代，这个议程设置的过程颠倒过来也是适用的，公众通过新媒体发布的信息也会引起大众媒介的关注，在新媒体上传播得越广泛、频次越多，就越容易引起传统媒体的关注。在全媒体时代，牧野文化的传承者应该充分利用新媒体带来的机遇，引起社会对牧野文化的重视，使牧野文化得以传承和发扬。

一、新媒体促进牧野文化即时性和广泛性传播

严格意义上说，“新媒体”并非一个科学的概念，因为“新”是相对于“旧”来说的，任何事物在诞生之始都是以新面目出现，但随着时间的流逝，“新”“旧”

之间的界限会逐渐模糊，直至消失。

首先，“新媒体”是一个时间性概念。我们知道，媒体作为一种工具，其物质形态是随着技术的发展而不断演变的。从最早的口口相传、结绳记事到文字的诞生、印刷术的发明，从书籍的广泛普及再到近代新闻报业的崛起、广播电视等电子媒体的壮大，直至当前以数字和网络技术为支撑的一系列新媒体的兴盛，媒介形态始终处于一个不断发展、演化的过程之中。所以所谓“新媒体”，只是在与“旧媒体”的对照中产生的时间性、历史性概念。例如，广播、电视相对于印刷媒体是“新媒体”，但相对于网络媒体便是“旧媒体”了。在媒介发展史上，每一次媒介技术的变革都会带来所谓的“新媒体”，特别是在知识爆炸、技术更新迅速的今天，各类新媒体层出不穷，新媒体的外延更是不断被拓展。仅以网络媒体为例，在短短几年中，博客、播客、维客等新媒体形态纷纷冒了出来。在信息时代，不仅是新的技术变革和物质形态的变化可以产生新媒体，新的软件、新的信息服务方式的推出都可称为新媒体的诞生。可以预期的是，今日的新媒体在未来同样会被归入“旧媒体”的范畴。从这一角度说，本书所界定的“新媒体”立足当下，立足我国，指的是相对于报纸、杂志、广播、电影、电视等传统媒体而言的新的媒体形态。

其次，“新媒体”是一个技术性概念。当下的新媒体指的是依托数字技术、互联网技术、移动通信技术等而产生的向用户提供信息服务的一系列新的工具或手段，其种类可谓丰富多彩，目前受到关注的不下几十种，其中有的属于新的媒体形式，有的则属于新的媒体硬件、新的媒体软件或新的信息服务方式。从传播学视角看，它们又可以分为两类。

一类可以称作新兴媒体，是新媒体的典型形态，以网络媒体、移动媒体和互动性电视媒体为代表。它们依托全新的传播技术，以改变传播形态为主要诉求，强调体验和互动，内容生产日趋分散化和个性化。

另一类则可以称作新型媒体，包括户外新媒体、楼宇电视和车载移动电视等。它们是在传统媒体的基础上依托新技术衍生而来的，其传播形态并未发生根本性改变，但是信息质量获得提高，传播范围更加宽广，到达了以前无法覆盖的区域。

所以，我们可以对“新媒体”这一概念做广义和狭义两种界定。广义上的“新媒体”，是利用数字技术、网络技术和移动通信技术，通过互联网、无线通信网和卫星等渠道，以计算机、手机和电视等为主要输出终端，向用户提供视频、音频、语音数据服务、连线游戏、远程教育等集成信息和娱乐服务的所有新的传播手段或传播形式的总称，包括“新兴媒体”，也包括“新型媒体”；而狭义上的

“新媒体”则专指“新兴媒体”。

总体来说，新媒体传播具有以下特点。

第一，超媒体性。超媒体性是指在多种媒体中非线性地组织和呈现信息。美国学者尼古拉斯·尼葛洛庞帝在其《数字化生存》中指出，超媒体是超文本的延伸。所谓超文本是一种按照信息之间关系非线性地存储、组织、管理和浏览信息的计算机技术。在信息文本中含有指向其他文本的链接，受众不需要顺序阅读，而是根据自己的兴趣和需求通过“点击”链接选择性地阅读文本信息内容，受众完全掌握了信息的选择权和控制权。“超文本”是在早期网络只能传输文本信息的条件下提出的概念，现在，依靠数字技术对多媒介信息的整合，新媒体可以为信息使用者提供文本、图片、声音、影像等多媒体信息，这些多媒体信息同样是按照超文本的方式组织。用户通过“点击”不仅可以获得相关的文本信息，还可以获得相关声音、影像信息，这便是新媒体的超媒体特性。

虽然并未真正实现多媒体信息的任意转换和链接，但超媒体信息服务确是新媒体发展的方向。随着计算机芯片微型化和媒介融合，手机、数字电视等装有微型计算机芯片的新媒体也可以同计算机一样连接至互联网，成为与互联网相连的信息接收终端，超媒体信息服务将会成为各类新媒体提供的基本服务。比尔·盖茨曾在《未来之路》中这样描述未来新媒体所能提供的超媒体信息服务：“假设你正在观看新闻，你看到一个你不认识的人与英国首相走在一起，你想知道她是谁。你用电视的遥控器指着这个人，这个动作就会带给你关于她的小传，还有最近出现过她的其他新闻报导名单，指着名单上的一件东西，你就能阅读或观看它，无数次地从一个话题跳到另一个话题，在全世界范围内搜集视频、音频和文本信息。”（比尔·盖茨，1996：108）

第二，交互性。交互性是新媒体区别于以往媒体的最突出特点。它包括两层含义：信息发送者和接收者之间的信息交流是双向的；参与个体在信息交流过程中都拥有控制权。面对面的信息交流、电话交流就具有很强的交互性；而作为大众传播媒介的报刊、广播、电影、电视，其信息的传播具有单向性，信息反馈不方便。交互性是新媒体最突出的优势之一。

数字技术使新媒体中的信息采集、制作非常简单，信息交流的参与者可以利用文本输入系统（计算机、手机键盘、书写触摸屏等）、数码相机、数码摄像机轻易地制作、采集数字信息，有些新媒体如智能手机已经将文本输入、数码照相、摄影等信息采集技术与信息发送技术融为一体，使数字信息的采集、发送更加简易可行。网络的普及为人们提供了廉价的传播渠道，这就使任何拥有联网信息终端的个人既可以是信息的接收者也可以是发送者，真正实现了信息的双向交流。新媒体的超媒体性使参与者在信息交流过程中具有平等的控制权，参与者可以依据自己的兴趣和需要选择性地交流信息。由此可见，在新媒体环境中，交流双方真正实现了信息的交互传播。

第三，超时空。历史上，每一种“新媒体”的出现都扩大了人类信息传播的地理范围，特别是广播、电视等电子媒体出现之后，信息可以借助电波传播至地球上的任何一个角落。然而由于传统的大众媒体主要依靠地面的信息传递系统，同时国家之间出于文化控制的需要对境外媒体在本国的传播进行限制，所以传统大众媒体所传播的大部分信息被限制在国家和地区的范围内，并未真正实现信息的全球化传播。而新媒体利用连接全球计算机的互联网和通信卫星完全打破了地理区域的限制，只要有相应的信息接收设备，在地球的任何角落都可以接收到由新媒体传播的信息。另外，无线网络的发展，还使新媒体摆脱了有线网络的限制，用户可以随时随地地接收信息。

新媒体还大大缩短了信息交互传播的时间，甚至实现了信息的“零时间”传播。传统大众媒体的信息交流是单向的，受众不能直接进行反馈，只能利用其他媒介，如书信、电话等进行反馈，而且反馈也是延迟的。新媒体提供的在线评论功能使信息反馈的时间大为缩短，电子邮件可以将任何信息在几秒钟内传至全球任何一部联网的信息终端，即时通信服务则完全消除了交流双方在时间上的间隔，使信息的交互传播突破了时间限制。

第四，个性化。新媒体提供点对点的信息传播服务，使信息传播者可以针对不同的用户提供个性化的服务。在新媒体环境下，信息终端在网络中都有一个固定的地址，如 IP 地址、手机号、电子邮箱地址、QQ 号码等，传播者可以根据地址确定一个或多个用户向其传播特定信息。另外，用户对信息具有同样的控制权，用户可以通过新媒体定制、选择、检索信息。这样，每一个新媒体用户都可以发布和接收完全个性化的信息，大众传播转变为“小众传播”。

第五，虚拟化。数字化信息以比特（“0”或“1”）的排列组合来表示和传播，人们可以方便地通过调整比特的排列来修改信息甚至制作虚拟的信息。利用各种软件，人们可以方便地、毫无痕迹地修改文本、图片、声音、影像，也可以制作出逼真的虚拟信息，例如，数字电影中的特效制作、数字动画、计算机游戏中的任何信息，包括文字、声音、影像都是由技术人员利用数字技术模拟真实世界信息制作出来的。数字技术甚至还模拟出了虚拟人类，2001 年英国报业联合会新媒体公司推出了全球第一位虚拟主持人——阿娜诺娃（Ananova），为全球网民提供24小时的新闻播报服务，引起全球轰动。

新媒体的虚拟信息传播不仅指信息本身的虚拟性，还指传播关系的虚拟性。人类之间信息传播的目的是在人与人之间建立关系，进行信息的沟通和交流。在传统媒体环境下，传播者和受众的角色是特定的，至少传播者的角色是特定的，人们知道信息的来源。然而在新媒体环境下，传播者和受众的角色大部分是虚拟的，交流双方的信息对彼此都是未知的。所以建立在虚拟数字信息交流基础上的人际关系也具有一定的虚拟性，而这种虚拟的人际关系将极大地改变传统社会的人际关系模型。

（一）新媒体促进牧野文化即时性传播

新媒体与生俱来地体现了社会发展带来的平等性、开放性和包容性，同时由于购置成本和使用成本也较低，社会公众可以利用手持终端随时随地地发布信息。一些事件的发生可能没有引起专业传播者的重视，也有的事件发生当时专业传播者不能马上出现在现场，这时现场受众便可以利用新媒体终端将现场消息第一时间传递出去。汶川地震发生后，外界无法得知地震现场的情形，正是现场公众率先通过网络将地震消息用文字、图片等传递出去，使全国人民迅速得知了地震的发生和情况的惨烈。地震发生4分钟后，新浪网友便发出了第一篇博客《地震了》；震后5分钟，腾讯QQ弹窗新闻发出地震消息；震后6分钟，百度网友在贴吧发出《地震了》的帖子；新华网在震后18分钟发出快讯。可见在报道的即时性上，新媒体占据了优势。

通过新媒体对牧野文化进行即时性传播主要是针对当下发生的一些文化事件，通过新媒体的传播扩大其知晓面，吸引更多的人关注。卫辉的比干祭典是新乡历史悠久的民俗活动，自唐太宗始祭祀而流传至今，也是中华民族信仰的传承和积淀，已被列为河南省首批非物质文化遗产保护名录。比干是中华民族世代敬仰的忠贞高洁之士，是林氏的始祖，比干祭典也是海内外林氏的盛大祭祖活动。然而突破地域和姓氏，比干祭典的知名度和影响力都不甚明显。虽然在比干祭典的当天，也有媒体对活动进行报道，但报道往往是在活动结束后，即使其他地区的人想参与也已为时过晚。忠义精神是中华民族崇尚的精神特质，根亲文化是凝聚中华民族的一种文化力量，这两种文化精神融于比干祭典这一牧野文化活动中，应该通过新媒体让广大公众及时知晓，以吸引更多的民众来参加。在祭典准备活动开始时，就应该通过新媒体及时传播，让公众了解活动动态，在这个过程中也能向公众传递更多比干祭典相关的历史文化知识。活动进行过程中，可以在各种新媒体平台通过文字、图片、视频等形式进行现场直播，让不在现场的公众能够及时深入地了解祭典盛况。

（二）新媒体促进牧野文化病毒式传播

除即时性传播外，新媒体带来的病毒式扩散也能够极大地拓展信息传播的范围。根据哈佛大学教授斯坦利·米尔格兰姆 1967 年提出的六度分隔理论，每个人和任何一个陌生人之间所间隔的人不会超过 6 个，也就是说，最多通过 6 个人你就能够认识任何一个陌生人。自媒体拥有庞大的用户群，所以一个人的自媒体信息只要有转发的价值，就有了无限扩散被任何一个自媒体使用者接触的可能性。在罗尔事件中，由于公众都有一颗帮助孩子的善心，使得《罗一笑，你给我站住》这篇文章在朋友圈内迅速传播，呈现刷屏的态势，很快达到了每天 5 万元的打赏上限。虽然此事后来因欺瞒公众、营销炒作而收尾，但是却体现了自媒体病毒式传播的威力。“病毒式传播”来源于对生物病毒扩散的比喻，在学界并没有一个统一的定义，董向阳在其硕士学位论文《微博的病毒式传播》中认为病毒式传播是“基于相似的信息获取和分享需求的人借助彼此关系网络实现信息快速复制、流动、扩散的信息传播方式”（董向阳，2021：15）。目前也有一些其他的说法，如“隐秘营销”（stealth marketing）、“话题营销”（buzz marketing）、“病毒式广告”（viral advertising）、“引荐营销”（referral marketing）等，表达的其实是跟病毒式传播一样的意思。

病毒式传播具有很明显的优点。

（1）投资回报的性价比高。病毒式传播不像传统营销那样要进行大规模媒体资源购买，同时品牌信息（brand message）的转发成本都由转送个体承担了，因此投入成本会明显低一些。

（2）几何级数的传播速度。病毒式传播的传播速度是传统营销方式无可匹敌的，病毒式传播通过个体传播者的协助形成庞大的传播网络，促进信息的快速传播。

（3）信息可信度高，受众到达率高，接收者更积极主动。病毒式信息转发者对自己的转发对象更加了解，对接收者而言有更高的可信度。

但是，任何事物都具有两面性，病毒式传播也不例外，在传播过程中可能出现一些负面的因素。

（1）营销者对信息传播的过程难以控制。既然病毒式传播基于参与者之间的互动，病毒式信息一旦发出，营销传播人员对营销传播过程的操控度就会低于传统的营销传播，因此病毒式传播过程对消费者和环境因素的依赖度明显高得多。这一因素明显会导致诸多的不确定性，比如引发负面口碑与不利于品牌形象的可能性。

（2）缺乏伦理标准。比较常见的一种认知是，那些像视频新闻一样播放的病毒式视频正在模糊人们的道德界限。消费者最终可能会感觉到自己被利用或被压榨了。这一风险基于病毒式营销传播先天带有的一种“隐秘营销”色彩。

自媒体传播利用人际传播模式，借助用户的人际关系网络，通过用户的主动转发传播实现信息的病毒式裂变扩散。抖音在年轻人中的流行程度可谓甚高，搞怪的段子、洗脑的音乐、漂亮的面孔吸引着年轻人刷着一波又一波的短视频，在抖音上点击率高的音乐往往在音乐类客户端上位居前列。如果能利用抖音之类的自媒体传播一些牧野文化的内容，不仅可以让更多的年轻人接触到传统文化，也可以净化抖音内容。长垣市的五彩皮影戏人物造型讲究，唱词幽默风趣，表演活灵活现，但是由于资金和人才等方面的原因面临着失传的境地。如果能利用新媒体促进皮影戏的传播，将皮影戏以短视频的形式在短视频客户端上进行传播，扩大这一民间技艺的影响力，则能引起更多人的关注，为这一传统文化的传承带来希望。传统文化来到了新时代就要紧随时代步伐，利用新时代带来的新机遇，积极探索新的文化传承方式，让传统得以承继，让精神得以延续。

二、传统媒体促进牧野文化的权威性和正式性传播

（一）传统媒体传播的权威性

新媒体虽然传播速度快、传播范围广，但也正是这样的特点，导致了新媒体传递的信息缺乏审核，在真实性上往往需要进一步考证。自媒体上常有虚假消息的传播，公众对自媒体上传递的信息也常持怀疑态度。传统媒体具有深厚的市场基础和较多的受众群体。因为传统媒体产生的时间较长，在 20 世纪 80 年代就开始进入公众视野，并经历了多次改革创新，赢得了广泛的受众群体。而且，长达近半个世纪的发展和水平提升，使得传统媒体在运营管理、信息传递等多个方面都具有较为成熟的运作模式。所以，其所发布信息的可信度和权威性较高，能够为受众群体提供有效的信息支持。传统媒体经过长时间的发展已经步入非常成熟

的阶段，由于有经营体制做保障，传统媒体的信息传播会经过层层审核，保证了信息的真实性和可信度。传统媒体常作为国家和政府代言人的身份出现，其信息的权威性毋庸置疑。公众对于电视、报纸上获取的信息，往往会深信不疑，也更加相信传统媒体所传递的知识性信息。比如对于自媒体筹款工具水滴筹等发布的筹款信息，除非是身边非常熟悉的人，否则大家会持观望的态度，而如果这些筹款信息是由电视、报纸等媒体发布的，公众则基本不会怀疑，所以自媒体传递的信息还需要传统媒体的配合来增强其真实性和权威性。

2018 年 6 月 17 日，四川雅安市石棉县的微信公众号“大渡河网”发布了一篇文章——《自来水管全是蚂蟥（水蛭），村民惊叹！》，称当地一居民家里的自来水管放出了成千上万只蚂蟥，引起了当地居民的恐慌。后来经过调查取证，此文被证实是“标题党”，文不符实。调查结束后，新华网等官方媒体随即发文进行了澄清以消除民众恐慌，文章发布者也受到了治安拘留 10 天的处罚。传统媒体的权威性赋予所传递信息一种地位，使得传播的信息更易让人相信，能够引起重视。牧野文化除利用新媒体进行快速广泛传播外，还应该积极与传统媒体进行合作，促进信息的权威性传播。由于不同级别的传统媒体对信息采集有一定的标准，所以牧野文化的传播可以从与当地媒体比如市级媒体和省级媒体合作开始，逐渐扩大自己的影响力。

（二）传统媒体传播的正式性

传统媒体是具有严格组织规范的媒体，其信息生产的专业性和组织性是自媒体传播无法企及的。如果说自媒体看起来像不受约束地随意传播，那么传统媒体就是有理念、有程序、有规范地正式传播，一些重大事件往往只有传统媒体才有播报的权利。西方新闻工作者所恪守的新闻专业主义源于 19 世纪末，由罗伯特·哈钦斯所组织的“新闻自由委员会”撰写的《一个自由而负责的新闻界》阐述了其基本原则。陆晔和潘忠党将其概括如下：①传媒具有社会公器的职能，新闻工作必须服务于公众利益，而不仅限于服务政治或经济利益集团；②新闻从业者是社会的观察者、事实的报道者，而不是某一利益集团的宣传员，或政治、经济利益冲突的参与者或鼓动者；③他们是资讯流通的“把关人”，采纳的基准是以中产阶级为主体的主流社会的价值观念，而不是任何需要向社会主流灌输的意识形态；④他们以实证科学的理性标准评判事实的真伪，服从于事实这一最高权威，而不是臣服于任何政治权力或经济势力；⑤他们受制于建立在上述原则之上的专业规范，接受专业社区的自律，而不接受在此之外的任何权力或权威的控制（陆晔和潘忠党，2002：20）。

进入传统媒体传播领域内的信息经过专业的信息采集、制作和发布，呈现出传播的正式性。“牧野文化”在目前看来还没有作为一个专有名词固定下来，如果通过学术专著的出版能将其作为一个专有名词固定下来，并通过报纸、电视、书籍等传统媒体的传播正式让广大公众知晓，则有利于牧野文化的积极传播。这是对当今学者研究牧野文化的肯定，也更能够为今后学者研究牧野文化厘清范围，吸引更多的人来研究牧野文化、传播牧野文化。牧野文化由于其悠久的历史和丰富的内涵已经引起了一些文化节目的关注，CCTV 老故事频道《文化中国》栏目就在 2016 年制作了一期《牧野之光》来介绍新乡地区的历史文化。2018 年 5 月 10 日，香港卫视河南新闻中心和河南大象融媒体集团联合制作的大型电视文化专题片《老家河南・获嘉篇——华夏神都众神家园》在获嘉县开机，节目制作完成后通过香港卫视在全球 150 多个国家和地区播出，并通过河南大象融媒体集团旗下的全媒体平台进行全方位传播。传统媒体以其雄厚的资金实力和专业的人才队伍必将对牧野文化的传播产生强劲的助推力。

三、传统媒体与新媒体融合促进牧野文化的全方位立体式传播

在媒介融合的背景下，旧有的媒介生态被打破，取而代之的是以新旧媒体相互融合、相互作用为主要表征的新的媒介生态体系。在新的媒介生态中，无论是传统媒体还是新媒体，都需要进行正确定位，明确各自的宏观发展战略，唯有如此，传媒产业才能有正确的发展方向，各媒介实体也才能制定具体的发展规划和运营策略。媒介融合对于传统媒体产业来说既是机遇又是挑战。面对媒介融合所带来的复杂的媒介生态环境，如何进行重新定位是传统媒体产业首要解决的问题，在这一过程中，传统媒体一直以来所积累的受众资源和内容资源是最重要的影响因素。在正确定位的基础上，传统媒体产业应立足传统媒体本体，主动融入新媒体。同时，传统媒体产业还应以内容生产为核心进行产业链升级再造，注重媒介融合环境下的产业链互补和联动。

对于新媒体产业来说，媒介融合给它带来的更多是机遇，甚至可以说，新媒体产业正是在媒介融合的促动下才发展壮大的。然而，这并不意味着新媒体产业面对媒介融合就可以高枕无忧了。在媒介融合的环境中，新媒体产业同样存在许多亟待解决的问题，同样需要慎重选择发展战略和发展方向。新媒体产业发展战

略的选择，需要多角度、系统化地考虑，既要重视渠道和内容的作用，又要充分调动用户资源和资本市场，做到分工协作、有条不紊。

媒介融合在很大程度上是一个传统媒体与新媒体的博弈过程。虽然新媒体在市场份额等方面对传统媒体造成很大的冲击，甚至大大压缩了传统媒体的生存空间，但有一点是肯定的，那就是新媒体不会取代传统媒体，传统媒体也不会自行消亡。因此，尽管传统媒体不会消亡，但面对媒介融合背景下新媒体的挑战和挤压，传统媒体首先要做的，就是尽快找到其在新的媒介生态环境中的角色定位。

从宏观上看，媒介融合带来的不仅仅是媒介终端的变迁和传播网络的互联互通，更有整个媒介生态环境的大变革。在传统媒体时代，报刊、广播电视等传统媒体几乎覆盖了整个媒介受众市场，再加上信息来源的垄断性和内容资源的有限性，传统媒体可以轻而易举地进行“点对面”的大众传播，而不需要过多考虑受众的个性化需求。新媒体崛起之后，用户不仅可以在互联网和手机中免费获取到传统媒体上的大多数信息资源，还可以同媒介或其他用户进行信息互动，随着新媒体的大规模普及及其向传统媒体的多方面渗透，原来传统媒体所构建的媒介生态正在从根本上被新媒体所主导的媒介生态所取代。在新的媒介生态环境中，逐渐占据主导地位的新媒体拥有海量信息资源，且具备高度的交互性和灵活度；而传统媒体虽然被挤压掉了很大一部分受众市场，但它仍具有许多新媒体所没有的核心优势，如果传统媒体在角色定位的过程中能够认识到这一点，就能在同新媒体的竞合中取得核心竞争力。

传统媒体的核心优势之一，便是它拥有多年来积累的稳定受众群体，这部分受众不会随着媒介融合的深入而转向其他媒介，因此可以成为传统媒体重点经营的市场。以报刊为例，门户网站以及网络报刊的发展抢走了传统报刊的很大一部分受众，但传统报刊已然保有一大批忠实读者，生活节奏日益加快的人们往往习惯于在地铁、公交中完成报纸的“移动化”阅读。传统广播在经历了20世纪中期同电视的竞争和转型之后，已经重新找到了自己的受众群，私家车、出租车等交通工具乘坐者仍然是媒介融合时代传统广播媒体的主要受众。传统电视媒体在经历数字化之后，依然能够从网络媒体和手机媒体用户中分得很大一部分忠实的观众。实际上，这一重新定位的过程，就是传统媒体将自身从大众传播载体转向分众传播载体甚至小众传播载体的过程。因此，面对媒介融合，传统媒体应该在新的媒介生态环境中重新找到属于自己的受众，然后才能进行准确的角色定位和内容生产。

除了受众基础，高质量的内容资源也是传统媒体的一大优势。在媒介融合的背景下，无论是传统媒体还是新媒体，都需要高质量的内容产品，“内容为王”在媒介融合时代更加明显。传统媒体虽然不像新媒体那样拥有海量信息资源，但其内容资源在权威性、制作水准、原创性等方面具有新媒体所不及的优势，传统媒体如果能够借助这一内容优势进行战略调整，势必有所突破。这就要求传统媒体转换定位思想，把战略重点转向内容生产和内容集成，由此出发，结合第三方的渠道运营和技术支持，重新部署产业链分工，在新的媒介生态中占得一席之地。

新媒体弥补了牧野文化传播在渠道上的劣势，使得牧野文化及相关事件能够在第一时间传播出去被广泛知晓，而传统媒体的正规、正式传播会增强文化事件的影响力和人们对其的重视程度，两者联动互补，共同形成牧野文化传播的渠道矩阵，以权威性和专业性奠定信息的影响力，以即时性和广泛性覆盖更多的人群。很多传统媒体也在保持自身优势的前提下开设了很多新媒体渠道，这些传统媒体旗下的新媒体较之其他新媒体来说拥有更高的权威性和公信力，所以对于新媒体的使用既要利用人际传播的力量，也要选择一些具有权威性的新媒体进行合作。在牧野文化的传播上要既利用新媒体的技术特点，也充分发挥传统媒体的优势，在媒介组合上实现二者的互助互融，促进牧野文化的全方位传播。

在这一方面，故宫的文创产业发展是值得借鉴的案例。故宫在全媒体文化传播方面可谓典范。故宫也称紫禁城，是中国明清两代的皇家宫殿，居世界五大宫殿之首，是全国重点文物保护单位，吸引着国内外众多游客的到访。历史悠久而又久负盛名的故宫在新时代也没有甘于沉默，时代的发展让故宫文化焕发出新的生机。2005 年央视拍摄的纪录片《故宫》展示了故宫富丽辉煌的建筑和悠远神秘的历史，让公众在观看故宫的表面繁华之外了解了一个内涵深厚的故宫。《我在故宫修文物》也是央视出品的由叶君和萧寒执导的再现故宫文物修复过程和修复者生活的纪录片，这部片子让公众从另一个角度了解了故宫背后的故事。文博探索节目《国家宝藏》中对故宫文物的讲述，又让受众从细节之中了解了这一宏大的事物。传统媒体的多角度、专业性、严谨性传播让广大受众了解了一个深邃神秘、悠远绵长、内涵丰蕴的故宫。在全媒体时代，各种新媒体又让故宫焕发出新的活力，摇身一变成为人人称赞的“网红”。2014 年开始，“故宫淘宝”微信公众号《雍正：感觉自己萌萌哒》《朕有个好爸爸》《朕就是任性！不服憋着》等轻松幽默而又符合自媒体阅读方式的文章的发布，以及历代君王各种造型图片的展示，将故宫正统严肃、循规蹈矩的面纱剥去，向公众展示了一个平和亲民、鲜活灵动的故宫。“故宫淘宝”微信公众号已经拥有了每天 10 万+的阅读量，其文案、图片和排版屡屡被称道。不仅是微信，截至 2021 年 3 月 4 日，“故宫博物院”

官方微博已经拥有了1015万粉丝。在微博上，网友可以欣赏故宫每日的美景，也可以分享自己与故宫的故事，还可以与故宫进行轻松有趣的互动。为了让公众都能了解到故宫博物院研究人员的研究成果，故宫信息资料部研发了“胤禛美人图”“皇帝的一天”等系列客户端，让研究成果不再沉默，也给故宫的粉丝们带来更多的福利。为了让青少年更加容易理解故宫，更愿意接近故宫，故宫特意开发了故宫博物院青少网站。卡通漫画般的人物设计、绘本般的故事讲述、游戏般的知识内容测验，让青少年在玩乐中对故宫有了更深刻的认识。牧野文化虽然在短时间内不可能达到像故宫一样的全媒体传播实力，但可以借鉴故宫的全媒体传播方式，慢慢地找准自己的风格定位，建立自己的传播团队，增加传播维度。

第二节　“两微一端”助推牧野文化个性化表达

2016年媒介融合发展的趋势更加明显，传统媒体借力互联网巨头纷纷探索深入转型之路。以“两微一端”为切入点，传统媒体通过微博、微信、客户端的打造紧跟移动互联的发展脚步，配合自身的技术和资源优势积极适应媒介融合时代的需要。

微博、微信、客户端的低门槛和高开放度为牧野文化的传播带来了新思路，是牧野文化全媒体传播格局的重要组成部分。通过建设牧野文化官方微信公众号、微博和客户端，专业、及时、权威、定制化地发布关于牧野文化的历史、现实事件，与关注的受众进行各种互动并为受众提供参与的渠道，可以让更多的受众了解牧野文化、认同牧野文化。由于“两微一端”是专为传播牧野文化而设，除综合性的文化内容之外，可以根据牧野文化中特殊的日期、特殊的活动打造专题栏目和活动，实现个性化、定制化的传播，保持现有受众的兴趣，吸引更多的潜在受众。以“两微一端”为代表形成牧野文化的新媒体传播平台，集信息传播、观点交流、娱乐互动为一体，能够进一步增强牧野文化宣传的个性化和感染力。

一、微信

（一）微信功能概览

微信自2010年问世以来，以其强大的信息、资源整合和人际交往功能赢得了众多受众的青睐，使大批用户对其产生使用黏性。从某种程度上来说，微信极大地改变了人们的生活方式、思维方式和工作方式，在社会传播的各个领域，如政治、文化、经济和公益领域都彰显出了新媒体的强大力量。微信的传播结构主要有一对一的人际传播、一对多的朋友圈和聊天群的群体传播，以及一对多的公众号大众传播。在微信的传播过程中，各要素有机地统合起来，构成了一个全方位的、独具特色的信息传播系统。微信的人际传播主要是在好友之间进行的，通过文字、图片、表情、视频等形式传递信息，实现点对点的传播。基于朋友圈和聊天群功能，微信可以实现很好的群体传播。有的目的性较强的聊天群还形成了群体规范，群内成员之间的信任度是较高的，因此能为人们的生活、工作和学习提供较多的参考信息。在微信中，大众传播主要是通过公众号的形式实现的，但微信的大众传播相较于传统的大众传播又具有了新媒体的特征。微信公众平台是2012年8月推出的，个人和机构都可以建立微信公众号，与目标群体进行文字、图片、语音的全方位交流沟通和互动。以公众号的一种——订阅号为例，受众可以自主选择自己感兴趣的订阅号进行关注，对于每天发送的信息也可以自主地选择"拉"出来看或者置之不理。在这种模式下，主动权完全掌握在受众手里，受众对自己感兴趣的订阅号主动关注和选择查看，而不是被动地接受强制推送的信息。如果受众觉得订阅号不能满足自己的需求，可以主动地取消关注。这种模式正是"使用与满足"理论的很好印证，受众由于自己的某种需求选择关注某订阅号，根据自己的媒介接触结果修正或者继续自己的媒介接触行为。由于受众的兴趣度和主动性较强，对订阅号的查阅度也会较高，从而产生较强的黏性。此外，微信也规定了订阅号每天发送信息的数量，促使订阅号主体严格筛选信息进行发布，而不是滥用网络资源给受众一些无用的信息。

微信已经成为当下最热门的即时通信平台，也成为众多手机用户必备的一款客户端。正如麦克卢汉所说的"媒介即讯息"，每个时代真正有价值的是这个时代所产生的新的传播工具。在微信时代我们要关注的当然也有微信传播的内容，但更重要的是微信这款客户端的诞生带给我们信息传播方式甚至是生活方式的变革。

微信之所以开创了移动互联网传播的新的时代，使用户产生巨大的黏性自然是由于微信的一些独特的、适用的功能。

1. 即时通信功能

这是作为一款即时通信类软件最基本的功能。微信支持发送语音短信、视频、图片、表情和文字。微信最初对用户产生吸引力的是语音短信的功能，它与以前以打字为主的沟通方式相比方便了很多，也拉近了交流者之间的距离。而且微信还有很多人性化的设置，比如对于不方便收听语音短信的情况，微信提供了语音转文字的功能，这样人性化的考虑无疑增强了受众对软件的好感度，从而增强了使用黏性。

在通信功能方面，微信还支持实时对讲，用户可以在群聊里选择和一群人进行语音通话，但与在群里直接发语音不同的是，这个语音通话的消息几乎是实时的，并且不会留下任何记录，就像打电话一样，在手机屏幕关闭的情况下仍可以进行实时聊天。此外，在发送文字信息时，微信会自动推荐与文字相应的表情，省去了找表情的麻烦，进一步满足了人们对信息交流快捷性的需要。

2. 添加好友功能

微信添加好友的方式多样，充分满足了受众的交友需求。最初微信只提供通过 QQ 好友、手机通讯录添加微信好友，主要是方便熟人联系。但是这样简单的好友圈显然不能满足互联网时代用户的交友需求，微信后来又增加了“附近的人”“摇一摇”“漂流瓶”“雷达加朋友”等功能，这些功能的逐渐推出和改进使得微信的社交功能更加强大。

3. 软件集成功能

微信附带了跟 QQ 联系紧密的一些功能，如 QQ 离线助手、QQ 邮箱助手等。这就充分利用了 QQ 的强大用户基础，锁定其为微信的用户。而 QQ 和微信两款软件的互通互联起到了强强联合、优势互补的作用。比如想通过邮箱发送微信聊天当中的一个文件，不必下载保存，再找邮箱添加附件发送，只需要简单的一步——选择文件并点击发送邮件，文件便可自动出现在 QQ 邮箱的附件里，省时省力，极大地方便了人们的工作和生活。

4. 其他人性化的功能

微信之所以能吸引大批的用户还是基于它很多人性化的、体贴的设置，如图片墙功能使用户只要在对话模式中随意打开一张图片，并点击右下角的小方框，就能将历史图片全都呈现出来，不用再一个一个地翻找需要的图片。

为了扩大使用人群，方便不同语言之间人们的交流，微信还设置了语言翻译功能。只需长按外文消息，点击“翻译”即可翻译成本手机微信使用的语言。

微信强大的、人性化的各种功能给人们的工作、生活和娱乐带来了极大的便利，进一步丰富了人们的社交活动。这些功能上的特点成就了微信的巨大魅力，使得微信维系了很多以前不使用 QQ 的用户，而微信延伸出来的其他功能都是以软件本体功能为依托的。

（二）微信在传播方面的作用

国内的大多数学者认为微信的主要功能是满足了人们的社交需求，所以受到了人们的追捧。比如黄浩波等人认为：“Facebook 的出现，让 Web2.0 时代贴上了社交性的标签。大量的 SNS 网站以及微博都集中体现了社交网络的巨大魅力，而微信在社交性上则更进一步。”（黄浩波等，2013：62）微信的强大功能已经显示出了其对社会带来的影响，目前国内已经有一些学者关注了这些影响并进行了一些研究。陈璐在《刍议微信的社会文化传播功能及其影响》中指出微信不但具备传统媒体的传播功能和新媒介的传播功能，而且具有塑造流行文化的符号功能（陈璐，2013）。朱峤在其硕士学位论文中指出：“政务微信在政府信息公开、网络政务服务、政府与群众互动等方面的作用凸显，具有影响力的政务微信不断涌现。政务微信正和政务微博一起发挥协同效应，逐渐实现动动手指就可完成和政府的对话。”（朱峤，2014：16）李勇则从商业的角度对微信的广告价值进行了探析，认为微信庞大的受众群体、多元化的信息传递方式、精准化的信息传递导向和对受众碎片化时间、空间的利用使得微信具有足够强大的力量帮助企业实现营销的变革（李勇，2014）。

牧野文化也可以通过微信渠道开展一些公益性传播，在微信上设立牧野文化公众号，通过公众号发起公益活动。中州大鼓是新乡县的民间传统艺术，自明朝万历年间始已经有四百多年的历史了，有自己独特的演奏形式和演奏技巧，是牧野文化的代表性艺术。在价值观多元化、文化多元化的今天，中州大鼓也面临着衰落的局势，甚至新乡地区的很多人都没有看过中州大鼓的表演，所以中州大鼓极需要推广和宣传，让广大公众重新认识这门古老的民间艺术。结合现代人对文化生活的需求，逢节假日，中州大鼓可以走进人们的娱乐生活，在广场等开阔地带举办公益演出，并现场教授有兴趣的人，让市民近距离地接触这门艺术。通过微信公众号，可以提前预告各种公益活动，并拍摄活动现场的图片和视频、录制教学视频，通过公众号传播公益活动，再通过公众号的粉丝对公益活动进行二次传播。

（三）微信在文化传播方面的作用

新媒体产业属于文化创意产业的一个重要组成部分，从这个角度来说，微信也是一种文化产品。由于微信最先是应用在高端智能手机上，所以也成为一种时尚、前卫、精英文化的象征，用户在使用微信时能够获得某类文化圈层的参与感和满足感。比如一个用户同时可能具有多种身份，是劳动者、是妈妈，这个用户便可能同时拥有自己的专业微信群、妈妈微信群，在每个群里都可以获得相关领域的知识。

在微信社交圈的建立过程中，用户会通过有意识地选择添加一些与自己有共同专业方向、兴趣爱好、价值取向的好友，形成一个相对稳定的文化圈层聚合体，自动隔离与自己文化观不一致的用户。在这种以文化身份认同为基础而产生的“圈落”里，人们对于他人尤其是意见领袖在微信中传播、分享的知识经验和议题有着强烈的兴趣和了解欲望，甚至通过互动交流和评论产生圈层中一致的意见和观点。微信的这种群体聚合模式已经吸引了越来越多的高级知识分子和专业人士加入，以其为中心能形成一个议题集中、专业性强的知识圈层，分享着有用的知识信息，这也能够使群体当中的成员充分利用碎片化的时间随时随地进行学习，改革了传统的学习模式和教育传承方式。

在微信的文化传播过程中，意见领袖无疑扮演着重要的角色，“在传播学中，活跃在人际传播网络中，经常为他人提供信息、观点或建议并对他人施加个人影响的人物，称为‘意见领袖’”（郭庆光，2011：189）。从这个解释来看，行业中的领跑者、专业领域的知名学者都起到了意见领袖的作用，他们是文化圈层当中的优秀代表，能够接触到更多的知识源，也掌握着更多的话语权，所以经常为圈层中的好友提供知识，圈层中的用户对其提供的知识也深信不疑。

通过微信进行文化传播，虽然不能系统全面，但由于微信使用的便利性，也能使用户充分利用其碎片化的时间点面结合地积累自己的知识，因而弥补了传统文化传承方式的不足。首先，用户可以根据自己的兴趣和涉猎范围自主选择阅读的内容，而不是被动地接受学校或者单位传递的知识，也不会像面对互联网上海量的信息那样无从下手；其次，微信为用户提供了便捷的复制、分享、收藏信息的方式，用户可以随手留存下自己觉得有价值的文章并分享给其他人。而通过专业微信公众号推送的内容也是经过精挑细选的，由于推送时间相对固定，用户对某一领域的最新知识和案例可以形成持续的关注，保障了知识的不断积累。正是因为微信具备这些便捷功能，用户可以依据自己的兴趣和时间在微信知识圈落中积累更多的信息，完成轻松随意的线上学习。

（四）设立微信公众号讲述牧野文化传奇

微信是一个很好的碎片化传递牧野文化知识的平台，通过微信进行知识传播，虽然不能做到系统全面，但由于微信使用的便利性，也能使用户充分利用其碎片化的时间点面结合地积累自己的知识，因而弥补了传统文化传承方式的不足。

1. 围绕主题，注重对文化的深度挖掘

新媒体传播只是手段，要想保持持续的影响力还需要以内容为王。牧野文化涉及的历史年代很久远，涉及的历史事件众多，遗留的文物古迹也很多，对每一个事件、每一件文物的深度挖掘都可以成就一篇很好的文章。比如陈桥兵变、围魏救赵、岳飞抗金等，可以从这些公众熟知的事件入手，更深层次地探讨这些事件背后的故事，对这些事件进行更理性、更全面的探讨，加深公众对这些历史事件的印象，且由此扩展公众对那个时期或者相关历史知识的认知。

微信公众号“铲史官”2018 年 8 月 31 日发布的《官二代曹冲称象是学术造假？神童背后的秘密》就对曹冲称象事件进行了深度挖掘。参考了《三国志》《考工记》《杂宝藏经》《那先比丘经》《三国志曹冲华佗传与佛教故事》等书籍、文章，对曹冲称象事件从人物、地域、时间等各方面进行了深度解析，从而引起公众对耳熟能详的历史事件的再思考。

2. 注重质量，打造品牌微信公众号

微信公众号由于申请门槛低，出现了鱼龙混杂的局面。很多公众号用耸人听闻的标题来满足受众的猎奇心理，发表一些粗劣的、低俗的或者跟公众号没有关系的文章。所以公众在关注公众号时也会进行筛选，一些质量不高的公众号甚至在关注的当时就被取关。要在林林总总的公众号中站稳脚跟、保持长久的生命力，就要注重公众号的原创性和质量，用内容的准确性、形式的可读性、图片的高质性、思想的思辨性来打造有品位、有风格的区域文化品牌公众号。

在微信中搜索有关文化的公众号会出现很多，但是点进去看其文章却都是些博人眼球的社会事件或者广告软文，真正有质量的文化传播文章为数不多。“光明日报”公众号推出“文化溯源”栏目，其原创性的文字、颇具个性化的风格、严谨的历史文化内容赢得了众多粉丝的关注，其中“博物馆镇馆之宝”系列，介

绍了中国很多省市的博物馆的镇馆之宝，将博物馆中晦涩难懂的介绍化为生动有趣、通俗易懂的文字和图片。编辑们深厚的文字功底和对文物的细细咀嚼成就了一篇篇颇具文采、尽显风骨的深度好文，赢得了评论区的一片叫好声。打造品牌公众号并不是短期内能做到的，要持之以恒地坚持自己的原则、体现自己的风格、提升自己的内涵，为增强牧野文化的传播力提供持续的动力。

3. 转变形式，轻松亲民增强可读性

以质量和内容的保障为基础，为了扩大微信公众号的用户范围，可将晦涩的语言和深邃的历史以容易理解的故事性的内容呈现，或者以更加亲民如漫画漫谈的方式来将牧野文化一点一点地带入公众视野。形式的改变并不容易，对编辑的文化内涵和文字功底都是极大的考验，所以牧野文化必须打造一支高素质的微信传播团队。就像"光明日报"公众号的"文化溯源"栏目，公众看到的一篇篇行云流水般的、通俗易懂而又幽默风趣的文章其实凝聚了编辑们的诸多心血，没有深厚的文化根基、没有坚实的文字功底、没有灵活的组文思维都无法成就这一篇篇的原创好文。牧野文化微信公众号的筹备可以多参考一些高质量的历史文化微信公众号，研究它们的栏目构建、行文风格等，然后总结出自己的风格和定位。

二、微博

（一）微博特征解析

微博，即微博客，这一概念译自英文 micro blog，是一个基于用户关系的信息分享平台。微博是从博客发展而来的，通常也被看作传统博客的一种变体。最早的微博是美国的 Twitter，它的出现打破了博客对网络日志写作的垄断，进而引发了信息传播领域的新一轮革命。与博客相比，微博在形式上更加简洁，发布内容更加细碎，发布方式更加方便快捷，所以微博又被称为"一句话博客"。微博的最大特点是集成性和开放性，除了使用计算机登录微博网站之外，用户还可以通过移动互联网、即时通信软件（如 QQ、MSN 等）、E-mail、Web 等方式发布微博消息。

微博的核心设计理念是在人与人之间建立起"关注"与"被关注"的关系。目前微博产品各有特色并且功能侧重点不同，但基本都具备了信息发布、信息筛选、信息检索和好友检索、信息传递、关注与被关注、转发和互动功能，其中评论功能包含评论及回复、短消息提示、私信等功能。用户可以自由设定关注任何感兴趣的其他用户，通过“关注”其他微博用户的方式成为被关注用户的“粉丝”，在微博中直接用“@”实现与其他微博用户的互动。一旦关注关系设定完成，某一个微博用户发布的所有公开消息会被该用户的所有关注者看到。关注者可以对被关注者的微博发表评论，也可以转发该用户的微博，从而生成一条新的微博，还可以对其他用户发布的微博进行点赞和转发。如果关注者不再关注某个用户，可以对被关注的用户解除关注关系。

微博是一个基于关注机制的信息即时获取、生成、发布和分享的平台，和微信朋友圈相比，传播更具公开性和开放性。微博在早期发展阶段，140 个字的短出版特征给了用户生产信息的便利性，同时让用户能够在短时间内进行浅层阅读，虽然后来微博取消了 140 个字的限制，但是微博信息大多还是以短小精悍的文字为其基本特征。利用图片、短视频等多元化信息的叠加，微博成为中国互联网用户最为活跃的平台之一。利用微博的特点，牧野文化可以将烦冗复杂的历史文化信息化为简短精悍的文字，以更加贴近受众的方式传递出去。微博“麻雀虽小，五脏俱全”，虽然容量有限，但是仍可以融文字、图片、音频和视频等形式于一体，使发布者和受众都可以根据自己的喜好自由地选择。除发布信息的便利性外，传播者也可以很方便地查看传播效果，比如微博被多少人关注，某条微博的转发量是多少、评论量是多少，评论内容正面言论居多还是负面言论居多等。根据对这些数据的分析，传播者可以修正以后的传播内容和传播形式。

微博以其平民化的使用方式，吸引了大量互联网网民的使用，并且凭借自身的多媒体属性，微博对网络空间进行了扩展：名人、草根、机构等微博用户大量涌现，微博直播、微博新闻、微博问政等传媒形态不断发展。微博兼具博客的媒体功能、自我展示功能和 IM 的交流与沟通功能，在信息的传播上表现出自身独有的特点。

1. 内容信息的碎片化传播

由于微博具有短出版特征（短文字、短视频），所以微博信息的内容可被压缩、拆分，呈现出只言片语的形态。因此，微博的内容基本上是碎片化信息的集合。三言两语，记录生活片段，分享心路历程，成为微博内容日常创作的典型写照。这种信息传播特点不仅契合了现代社会快节奏的生活方式，而且潜移默化地影响着现代人关注信息的思维和习惯，甚至引领着整个社会生活方式和人际交往模式的潮流。人们可以在快节奏的生活中，利用等车、喝茶的零碎空闲时间将自己日常生活中的所见所闻、所思所想发到微博上，不用深思熟虑、字斟句酌，内容甚至只是蜻蜓点水式的一张图片或一个表情。这种“碎片化”的表达形式降低了写作的门槛，给普通人提供了一个前所未有的表达机会，让“沉默的大多数”有了更多的发声机会。

2. 交互立体的网状式传播

微博作为一个社交媒介，其在信息传播中，遵循社会网络结构的传播规律，在微博这一社会网络关系中，“一个人或者一群人成为网络的节点，然后再与其他人形成网络关系”（孙桂杰，2014：56），而这些节点就成为信息传播的关键环节，他们是用于若干弱连带关系的用户，通过这一弱连带的信息网络，信息将会被传递到更远的地方。微博传播的影响力可见一斑。与传统媒体一对多的线性传播模式不同，微博实现了一对一、一对多、多对一、多对多的交互传播。作为一种互联网产品，微博拥有其独特的跟随机制和信息的快速推送机制，通过“转发”，信息可实现一层层对外传播。这种裂变式的传播效应能在极短的时间内获得极大的传播效果。例如，中国选手李娜在 2011 年法国网球公开赛上历史性地获得了中国网球第一个大满贯女子单打冠军，“新浪体育”官方微博第一时间发布的“李娜夺冠”微博在短短 10 分钟之内就获得了 50 000 多次的转发，刷新了单条微博转发速度的纪录。除此之外，5 分钟之内微博用户发布的祝贺“李娜夺冠”的微博超过 300 000 条，平均每秒达到 1000 条。关于李娜加油的微博话题在决赛前后共征集了 516 151 个“加油‘娜’喊”。

3. 大众参与的个性化传播

微博时代，每一个互联网参与者都是一个“自媒体”，都是信息的生产者和发布者。使用微博发言无须长篇大论，无须儒雅健谈，哪怕只是无聊的只言片语、随意的调侃都可以成为一条微博的内容。“你是小明吗？”“感谢你，孔子！”这些让人感觉“无厘头”的语言来自八〇后作家韩寒的微博。韩寒的第一条微博——一个字“喂”吸引了上万条的转发和评论。韩寒个性十足的特点在微博中一览无余。微博用户可以自由表达自己的观点和意见，微博率真直白的表达方式赋予了广大网民更多的话语权，扩展了个人在网络上发表意见的自主权与表达空间，使每一位微博用户都可以进行充分个性化、自由化的表达。例如，知名搞笑幽默博主“冷笑话精选”是草根微博中人气比较高的微博之一，“冷笑话精选”擅长讲冷笑话，博主在其自我介绍里写着“毒舌嘴贱会吐槽，颜正腿长一米八，八块腹肌的冷哥就是我”，这种诙谐幽默的表达方式让其迅速在微博圈里得到了超高关注。

由于微博符合现时代受众和传播者对传播的要求，很多个人和组织都在微博上建立了宣传阵地。故宫博物院的官方微博在传播故宫文化方面已经建立起了系统的信息发布体系，内容策划、审核、发布等严格的流程保证了新媒体环境下的信息质量，吸引了大量的忠实粉丝。故宫是古老严肃而不容侵犯的明清宫殿建筑群，而它的官方微博却轻松幽默、通俗易懂，微博的内容质量极高，除文字、图片外，还配有关于故宫实景的 3D 全景图，让受众真真切切地感受到一个身边的故宫。由于故宫的历史悠久、馆藏物品丰富，有些内容用古代汉语对受众来说会产生理解上的困难，所以故宫的新媒体传播团队会把专家的研究成果转化成通俗易懂的、符合新媒体传播特点的语言，在保证其专业性、准确性的同时，能让受众一目了然地理解所要传递的内容。针对不同品位的受众，故宫官方微博也会开设不同的栏目，用不同的风格照顾到不同的需求。在故宫官方微博的美图栏目有三个子栏目：紫禁城初雪、紫禁城岁时和爱上这座城。精美绝伦的景色图配上清新悠然的文字，充分满足了文艺青年们对故宫的向往，让大家爱上这座古老而又充满活力的城。

（二）微博对文化传播的影响解析

互联网与生俱来就有着信息汇聚、呈现和传播功能，微博等新媒体的出现，则将互联网这一功能进一步扩大化，使得文化传播的效果出现了加成。微博在传播时间的即时性、传播范围的广泛性、传播内容的简洁性上具有优势。文化的传承需要人与人之间的互动才能实现较好的效果，而微博这个平台的出现就降低了文化交流的门槛，在这个高度社会化的平台中，每个人都能成为独立的文化传播“新媒体”。除提供消息发布功能外，微博还增加了互动和社交功能，迎合了大多数人对于休闲娱乐的需求。在文化交流时间对比上，传统传播形式对文化信息的传播远没有网络传播迅速。微博文字，加上图片或视频链接，可以将传播群体之间的交流拉得更近。由于生活节奏的加快，人们的休闲时间呈现出碎片化倾向，微博新媒体的出现正是迎合了这种需求，满足了随时随地的文化互动。文化产品和元素从传统传播形式中释放了出来。文化早已不是单向性的流动，传播需要各群体间的交流，和传统媒体相比，微博更加具有互动性，人们使用这种新媒体的目的性和主动性也更强，这对文化传播具有极大的促进作用。微博为个人、公众及各个组织提供网络平台，实现了个人与公共的结合。微博改变了人们认识世界、体验世界的方式，从而导致了文化的变迁。

微博可以突破传统疆界的限制，人们不仅可以借助于网络文化传播进行感知，还能从中吸收知识，表达自身文化理解，这样文化的发展就在人群中形成了规模。比如微博微小说比赛让许多怀有文学梦想的青年参与到写作比赛中，主办方一共收到 100 多万份的文学作品，有了微博这个媒介，文字走向了大众，人人都能创造文学。微博还有利于优秀民族文化的传播，成为文化发展有利的助推器。文化发展研究院、文化产业机构、各媒体都将微博作为其传播文化产品和信息的平台。文化交流更加便捷迅速，我们可以在网络上吸收更多国外文明，同时也可以发扬我国优秀文化，促进跨文化交流。同样，微博也能倡导公益文化。中国社会福利教育基金会在微博上召集了为贫困地区募捐活动，短短几个月内就筹集了 1000 多万元的善款。这样快速、有影响力、有组织的活动，也是通过微博实现的。新文化作品放到微博上，就会有很多人去谈论并传播。像微博这样的新社交媒体在文化传播中正发挥着举足轻重的作用。

1. 裂变式传播极大地提高了信息的扩散速度

微博发布的信息会即时传递给关注者，粉丝数越多，曝光量也就越多。粉丝经过自主考虑，可以对信息进行二次传播，粉丝的关注者又会接触到此信息。如此循环往复下去形成了信息的裂变式传播，在理论上将传播范围无限扩大。在这个过程中，二次传播或多次传播的接触者可能因为对文章的喜爱而成为微博的新粉丝，微博的粉丝量也有了不断增长的可能性。除微博内转发外，文章还可以被分享到 QQ、微信等社交平台，基本覆盖一个粉丝的所有社交圈层。微博的信息即使是非好友也可以通过搜索、推荐等看到，进而进行分享转发，所以相较微信来说，微博是一个更加开放的信息平台。微博信息的裂变式传播提高了信息的传播速度，扩大了信息的传播范围，恰好符合文化传播想要实现的效果。

2. 话题设定保证了传播的集中性

微博有一个话题设定的功能，就是设定关键词，然后在关键词前后加上“#”。对于开博时间很长或者发文频繁的微博来说，之前的信息会很快下沉下去，而粉丝可能想去有针对性地寻找某条或者某些信息，在数目众多的微博中间就很难实现。微博话题则可以将同一类型的博文进行归类整理，将同类文章集中于一个标题之下，粉丝只需要打开话题，有关此话题的所有文章就都可以查看，还可以随时进行互动讨论或者就此话题发博文。关于某一话题的持续发文会凝聚一批忠实的兴趣受众，形成热门话题、品牌话题，保持持续的热度和关注度。

3. 活动推广促进传播者和受众的双赢

微博还可以通过转发有奖等活动吸引更多的用户参与到博文的转发分享当中，适当给粉丝一些小福利也能够让粉丝的积极性和主动性更高。“新浪文化”在介绍核雕艺术的时候于2018年8月23日推出了一个活动，转发微博+关注并@新浪文化，会抽出5名粉丝送出精美核雕挂件一枚。8月31日，微博公布了获奖名单并寄送奖品。粉丝转发分享并不需要耗费额外的成本，还能够获得一些小惊喜，对于微博来说则扩大了传播的范围，实现了双赢。

（三）创建牧野文化微博助力牧野文化传播

微博具有信息发布的即时性、传播范围的广泛性、内容的简短性等特点。这些特点消除了文化传播的阶层障碍，降低了文化传播的门槛，其互动交流功能拉近了受众和传播者的距离，从而引起了文化传播方式的变迁。目前很多文化机构、城市等都把微博作为一个信息传递、形象建构的重要平台，牧野文化要利用好微博这个平台要做到以下几点。

首先，要设立一个有辨识度的微博账号，但是目前“牧野文化”这四个字已经被某传播公司注册，其微博并没有什么内容，也没有什么粉丝。除了账号的识别度外，简介当中也应该简洁明了地点名介绍牧野文化的内涵，使公众可以迅速判断微博主要内容以及是不是自己感兴趣的领域。

其次，为了保证文化传播的严谨性，在内容建构上，应该秉承传统媒体专业、规范的精神，保证内容的准确性，形式上可以转化为新媒体受众乐于接受的轻松诙谐的风格或清新文艺的风格。要想获得良好的传播效果，必须增强微博内容的原创性和自己的个性特征，减少同质化现象。传播者首先应该对牧野文化进行消化理解，深层次全方位地挖掘牧野文化的内涵，再将其转化为轻松流畅、简洁易懂的文字呈现给受众。同时配以图片、视频等多种传播符号，让受众多维度地感受牧野文化的魅力。

再次，在提升内容质量的基础上，要注重与受众的互动。除评论互动外，不时地加入一些互动话题，如“地名猜想”“历史事件知多少”等，在与受众轻松愉快的讨论中将牧野文化的相关知识传播出去。在前期互动中，为了提升互动率、增强互动效果，可以主动邀请一些大V[①]、新乡地区乃至国内知名人士进行互动，通过他们意见领袖的身份带动微博互动。通过零距离的互动，能够增进微博和粉丝之间的亲近度和好感度，也能够增加微博的阅读和转发频率。

最后，为了避免初期孤军奋战拓展粉丝和传播范围过于困难，可以与一些相关微博展开合作。可以和一些历史文化性微博如微博文化、稗官野记等形成合作关系，借助其微博已有的粉丝和影响力带动牧野文化微博前期知名度的上升。也可以和地域相关的微博如直播新乡、新乡太行、河南省旅游局官方微博等进行互动，借微博定位的相关性对牧野文化形成整合式传播。对于微博建设来说，通过和其他微博形成良好的合作互动关系，能够促进牧野文化微博的迅速成长。

不管是微信的建设还是微博的建设，都要持之以恒，要创建专门的团队，对内容、形式、信息发布频次等进行严格把控，杜绝新媒体传播过程中可能出现的标题党、信息错误、舆论导向错误等问题。

三、手机客户端

（一）手机客户端概述

手机，集大众传播、组织传播、个人传播于一身，融报刊、书籍、广播电视、电影、网络于一体，随时随地在移动中完成工作、学习、娱乐、支付、遥控等多种任务。它当之无愧地成为继报纸、广播、电视和互联网之后的“第五媒体”。截至2020年12月，我国手机网民占比已达99.3%，规模达9.89亿。[②]智能手机作为媒体的传播带来了全新的生活方式，以其随时随地传播信息的优势，在不同程度上影响着个人和社会之间的关系，正在形成一种新的媒介文化，深入地研究智能手机媒体对社会文化各个层面的影响显得十分重要。手机媒体给我们带来的不仅是随时随地的沟通，更多的是一种对原有传统媒介、网络文化的延拓和手机文化的生产，它以无可抗拒的魅力和前所未有的力度迅速影响着生活中的每一个人。人是符号和文化的动物，文化载体的革命必然带来内容的革命。智能手机媒体不仅改变着文化的构成，也改变着精英文化与大众文化的关系，还引起人们生活方式、思维方式、话语方式、阅听习惯、交往方式、语言文字、礼仪规范等各

① 大V是指在新浪、腾讯、网易等微博平台上获得个人认证，拥有众多粉丝的微博用户。

② 中国互联网络信息中心. 第47次中国互联网络发展状况统计报告. http://cnnic.cn/hlwfzyj/hlwxzbg/hlwtjbg/202102/P020210203334633480104.pdf. 2021-02-03[2021-03-04].

方面的变迁。手机媒体包罗万象的功能不仅仅解决了信息的书写与传播的方式问题，也解决了我们消费文化和日常生活方式的诸多不便，带给人们生存方式的全新体验。

移动智能终端的普及和 5G 通信技术的到来、移动互联网的快速发展，给文化传播带来了极大的发挥空间。移动阅读、移动观看、移动游戏等媒介接触行为已经成为新媒体环境下受众新的媒介接触习惯。移动智能终端媒介的出现使受众的媒介使用不再受到时间、空间和设备的限制，只要有网络就可以随时随地获取想要的信息，随时随地进行互动。随着人们对手机等移动智能终端的依赖，各种各样的手机客户端满足了人们生活中的购物、学习、娱乐等各类需求。根据软件定位和用户需求，客户端设计相应的页面和功能，虽然客户端的种类已经非常齐全，但具有区域文化传播性质的客户端并不多见。目前人们对手机的使用主要是通过客户端来实现的，饮食类客户端、交通类客户端、教育类客户端、购物类客户端、游戏类客户端、视频类客户端、办公类客户端等满足了人们日常生活、工作和学习的各种需求。一般来说，只要客户端的广告不多、没有病毒、界面友好、体验不错，人们装上了就不会卸载。由于客户端是基于个人需要而下载的，所以用户使用黏性相对较大，使用频率也相对较高。客户端会根据用户标签向用户推荐其感兴趣的内容，用户也可以在客户端内随意挑选自己喜爱的信息。手机客户端就像一个随身携带的多媒体库，能够满足用户对信息的全方位需求，看文字、看图片、看视频、听音频、买东西等应有尽有。基于客户端强大的集成功能，用户在一个客户端内除整合各种相关信息外，还可以完成各种操作，可以上传信息、下载信息、评论转发、截图点赞等，极具个性化、互动性和参与性。相对于传统媒体而言，手机客户端相当于一次投资，多次回报。开发者设计好客户端以后，只需进行日常维护和更新，而不会随着用户下载次数的增多或者使用时间的加长而增加成本。

（二）手机客户端对区域文化传播的作用

不同时期的文化形态总是离不开传播媒介，文化通过不同的媒介来表现和反映每个时期的经济和政治。文化的信息从一个人传递到另一个人，从一个群体传递到另一个群体。在传递的过程中又因为媒介自身特性丰富了文化的内容与方式。麦克卢汉认为“媒介即人的延伸”，即各种媒介都是人类某种器官的延伸，都扩大了人类交流的范围。手机是电子媒介发展的一个重要成果，重新创造了人们的日常生活形态和生活方式，影响着人们的世界观、人生观和价值观，它不仅改变了文化的传播形式，也由此形成了一种文化现象，带来了新的社会区隔，形成了新的社会历史。

“文化”意味着一种生活方式的总和（约翰·R. 霍尔和玛丽·乔·尼兹，2002：81），是描述和解释人类行为和存在状态的重要元素。“文化”并不是一个空洞的概念，它由诸多社会现象构成，如语言、饮食、服饰、习俗等，对于其内容的具体阐释和传播往往依附于某种物质形式而存在。现在，手机也成为承载和传播文化的一种新的物质形式，成了一种有广泛群众基础的媒体形态。手机的意义绝不仅仅是在无线通信技术上的突破，而在于手机对于文化、社会以及每个人生活方方面面的渗透。文化作为一种生产和消费的生活方式表达体系，其意义是不断变化着的，对于手机来说，其意义更是随着它在生活不同文化侧面的影响而变化着。

1. 手机客户端在保持文化整体性的基础上改变了知识构建方式

手机客户端是一种整合性软件，它能带给用户更完整的内容，用户也可以根据自己的需要在其中查询信息。在传统媒介时代，关于某一文化、知识的完整信息往往通过书籍进行传递，书籍主要通过对知识的结构进行系统归纳和梳理，以文字加图片或表格的形式传递给受众。受众想要查询某一部分信息时，可以通过目录找寻其可能存在的章节。现在，不管多大部头的书的内容都能被融进一个小小的图标中，点开图标，书的内容尽在其中，还有更多周边内容展示在里面。对于历史文化的信息传递，客户端中构建内容的方式则更加灵活，可以按照时间纵向构建，让用户厘清思路，也可以加上横向构建，即对历史事件、人物或者文物的解析，让用户对细节有更深刻的了解。在查询方面则更加便捷，用户只需输入关键词即可呈现所有相关信息。在互动方面，传统书籍一般是通过章节后问题的提出来引发读者思考，也只是有来无往的互动。在客户端中，用户可以很方便地与编者或者其他用户进行互动，编者可以提出问题，用户也可以提出问题，编者可以解答问题，用户也可以解答问题。也就是说，除了固有内容外，用户也充当了客户端内容的构建者，与编者一同丰富了文化传播的内容。

综上，在知识构建模式上，客户端比传统书籍更加灵活多样，能容纳更多的内容、更多的形式，且能够不断地更新，给读者带来更好的接触体验和更个性化的阅读方式，用户可以按照各自知识程度的不同和喜好选择接触不同的内容。“安徽文化云”是一款聚焦公共文化服务的手机客户端，提供安徽各地市的文化动态，主要分为四块来为受众提供文化活动信息：看演出、上培训课、听讲座、逛展览。

主要内容有每天的文化新鲜事件的播报、安徽省文化场馆的介绍、与受众的互动、精彩演出呈现、志愿者招募等。内容大部分是关于现代人的文化生活的，对于历史文化传统的介绍主要在文化遗产栏目。作为一款文化生活服务客户端，安徽文化云基本可以满足用户对自己喜爱的文化的需求，如演出展览信息、安徽地区文化介绍、志愿者服务等，用户可以按照个人的意愿选择接触其中的某项信息。

2. 手机客户端的多样化带来了文化传播样式的多样化

由于手机客户端制作的相对低成本和传播的便捷性，如果一个客户端容纳的内容很杂，便可以开发出多样的不同定位的客户端来满足受众对于同一文化主体的多维度接触。故宫博物院就按照不同的内容制作了不同的客户端，来多角度地展现故宫，主要有“紫禁城祥瑞”“皇帝的一天”“胤禛美人图”“每日故宫”“故宫展览”等。“故宫展览”客户端为用户打造了 24 小时不间断的故宫展厅，不管是常设展馆还是专题特展，用户都能在手机屏幕上享受身临其境的观展体验。除了有详细的时间、地点介绍和产品展示外，还有 360 度全景线上展厅，用户可以清晰地看清所展作品的每一个文字、每一个细节，甚至比现场观看还能获得更细致的信息。“每日故宫”则从更细处着手，每日精选一件馆内藏品，和用户一起追溯神秘的皇室生活，感受传世珍品不朽的魅力。打开客户端，高贵典雅的开始画面将用户带入了对藏品的期待，由镂空的日期数字揭开藏品神秘的面纱。每一件藏品的高清大图尽显珍品细节，就像把藏品捧在手心，可以细细品味。向右滑动屏幕，可以回看先前每天的珍品展示，没有去过故宫的人可以细致地了解馆内藏品，即将要去故宫的人可以提前了解以选择自己感兴趣的现场观看，对于去过故宫的人来说，则是一种很好的回味和印象加深。

3. 手机客户端改变了传统文化传播的模式

传统文化的传播通过正式渠道和非正式渠道进行，正式渠道多是通过教学或者大众传媒传播的方式进行，非正式渠道则是通过口耳相传。正式渠道多是自上而下的传播，教学传播由于时间有限，内容也受到限制，且不能根据学生的兴趣定制内容，大众传播则制作过程相对复杂且缺少互动渠道。非正式渠道缺乏系统性和专业性，也可能不能带给受众想要的信息，也有着不能随时进行二次接触的缺陷。手机客户端的出现打破了传统文化传播的格局，创造了一个平等、个性化的互动传播体系。传统模式下一对多的传播模式被打破，用户可以根据自己的知识层次和需要自由选择接触内容，提高了传播效率。数字技术的海量容量可以存储下尽可能多的信息，避免了口耳相传转瞬即逝的弱点，可以让用户随时随地进行再次回顾和查阅。手机客户端为文化传播提供了一个容量巨大、自由平等、互动性、参与性强的平台，用户在这里可以搜取信息，也可以构建信息，提高了学习的自主性和获取知识的效果。

（三）设计牧野文化手机客户端促进牧野文化传承发展

1. 打造专业型的牧野文化传播平台

手机客户端的内容集成式特征可以容纳系统、详细的信息，可以改善其他自媒体途径信息碎片化的劣势，可以让用户拼凑碎片化的时间去系统地学习某一理论或知识。牧野文化的传播是正式而严肃的文化传承，应该建设一个有态度的团队，以积极、认真、热情而严谨的态度去打造一个专业的文化传播平台，将牧野文化的内涵充分挖掘并展示出来。

牧野文化历史悠久，流传下来很多历史实物，仰韶文化、龙山文化等古文化都有遗址留存，墓葬和历史文物也很丰富，对于这些年代久远的历史和物件的讲述，需要经过历史文化专家的考证，所以每一篇文章和图片都要经过认真的审核且保证信息准确无误。牧野文化的非物质文化遗产种类也很丰富，如比干祭典、中州大鼓、五彩皮影戏等，要将史料与对现代传承人的采访相结合，全面地呈现这些非物质文化的过往与今生。

2. 增强客户端的实用性和趣味性

随着中国生活水平的提高，公众对文化娱乐生活的需求也日渐高涨。牧野文化的地域性较强，在客户端内为地域内的公众提供文化生活的服务和指导能够增强地域用户的使用黏性。可以专门设立版块，预告和报道各地区的文化活动（比干祭典、中州大鼓演出等）、平原艺术中心和河南艺术中心的演出、新乡博物馆和河南博物院的展馆信息等，为公众的文化生活充当向导。

为了适应现代自媒体公众的审美趣味，在保证信息的专业性和准确性的基础上，可以适当增强形式的趣味性降低用户的接触难度。比如可以将专业性很强的语言转化为轻松诙谐的语言，并配以幽默风趣的图片，也可以设置考察用户对文化知识了解程度的游戏环节，游戏分值达到一定高度可以换取文化活动的入场券等，增强对用户的持续吸引力。

3. 用好社群式传播模式

手机客户端的传播并不是局限在客户端内部的封闭性传播，打开客户端的任何一篇文章，都可以通过 QQ、微信或者微博等社交性客户端进行再次传播。以客户端用户为核心，通过他们的转发分享，将客户端内容呈放射状传播开来，形成强大的人际传播效应。为促使更多的人进行转发传播，可以通过凝聚线下公益组织来赋予牧野文化爱好者一定的使命感，让组织成员积极主动地进行牧野文化的传播。成立牧野文化公益组织，通过吸纳会员让更多的人参与到这项文化传承事业当中，线下会员可以同时是线上会员，身份的肯定会促使公众更加积极地传播牧野文化。每一个转发分享者会在自己其他的社群内形成二次传播，而其他社群内的成员也会进行三次传播、多次传播，这样就形成一个理论上不会断裂的传播链条，产生“一传十、十传百”的效果，从而极大地增加牧野文化的传播范围。

不管是微信、微博还是手机客户端，都是信息时代科技飞速发展的产物。他们诞生的时间并不长，但是迅速地在人们的工作、生活中普及，给这个世界带来了极大的便利。牧野文化的传播要充分利用这些新的传播手段带来的机遇，同时也要避免这些新生事物可能产生的弊端，如信息浅层化、低级化等，在自媒体信息泛滥的时代保持传播的严谨性。

第三节　微电影、微纪实展现牧野文化美学内涵

美学是研究人与世界审美关系的一门学科，即美学研究的对象是审美活动。把审美活动设定为美学的研究对象，最早由苏联美学界提出。

在 20 世纪 80 年代，我国美学界也有人试图从审美活动的基本事实出发，重建美学学科的理论体系，这方面较有影响的著作当数蒋培坤的《审美活动论纲》。

蒋培坤在《审美活动论纲》一书中，明确论证了审美活动作为美学研究对象的理由。

第一，审美活动是人类一切活动中最基本的活动之一，美学学科的逻辑起点应该从最简单、最基本、最确定的事实出发，这个事实就是人类的审美活动，这将使美学理论有一个牢固的立足点（蒋培坤，1988：4）。

第二，人类审美活动属于实践范畴，它将作为一个系统整体被综合考察和分析，去探究这一系统各要素和各层次之间的相互关系和运动规律（蒋培坤，1988：6）。

第三，美学主题随着世界和平与发展的主题流变，也随之以马克思主义的、以人和人的“活动”为中心的、生动活泼的人类学本体论美学体系（蒋培坤，1988：7）。

一、地域文化的审美内涵

审美活动是人的一种以意象世界为对象的人生体验活动，是人类的一种精神文化活动。文化美学则是阐释某一文化所特有的审美观念和表现形式，并进一步解释为何形成这样的观念和形式。我国幅员辽阔、历史悠久，不同地区生活的人们，在长期的生产生活中受所在地区地形、气候条件、水土环境等自然环境影响，在特定区域内形成了具有相似特征的居所、饮食、衣着、生活习性、性格特点、价值观等，这就形成了某个地区的地域文化美学。

为了把握地域文化审美的内涵，有必要讨论“地域”这个概念。地理学里的“地域”指的是地球表面的一部分，它的边界是任意的，是人们根据某种需要划定的。而文化人类学中的“地域”概念则是指根据一定标准，在文化上具有同质性和内聚力的地区，因此，它必须能以同样的标准与相邻或不相邻的地区区别开来。地域文化的确定既是以其鲜明的文化个性为依据，又是以该文化的涵盖范围为界限的；它不是纯粹的自然形成的地理单元之上的文化事项的总和，而是综合考虑该地理单元的地理概况、社会经济结构、文化发展的历史及特点、各文化特质具体的分布状况等因素确定的文化体系。由此可见．“地域”有以下几个特点。

其一，“地域”是一个区域性的概念。它必须具有相对明确而稳定的空间形态，但仅仅具有相对稳定的空间形态是远远不够的，因为“地域”除了自然的、空间的意义之外，还具有政治的、经济的、军事的和文化的意义。因此，对于地域文化研究来说，它还必须具有相对明确而稳定的文化形态，这应是对地域和地域文化理解中最为基本也最为重要的一环。

其二，“地域”又是一个历史的概念。地域文化作为以地域限定的文化类型，它的形成是历史发展的结果。也就是说，只有当某一地域的文化达到一定水平，出现了在此地域上的文化共同性和文化联系时，真正的地域文化才算形成。

其三，“地域”应是一个比较性、对照性的概念。任何地域都应有可资比较、对照的参照物，然后才能彰显地域文化之特点。这一参照物可能是现存的、可见的，也可能是深层的、不可见的（如心理的、价值观念的）。

其四，“地域”应是一个相对统一的地理景观的概念。一个地区的地理景观，包括自然景观和人文景观，不仅对风俗习惯、性情秉性、礼仪制度等产生作用，而且对人们的心理、价值观念的趋同性产生影响。比如，平坦的地势（如草原、平原）可能令人心胸开阔，险峻的山势可能令人富于求新、求奇的浪漫气质，秀丽的风景可能令人柔媚多情，江海可能令人富于冒险精神，等等。

其五，“地域”是约定俗成的文化认同的概念。它包含着人们对有史以来文化地理空间的客观存在与变动的主观认知，与某种文化体系或文化特质覆盖的实际空间范围不完全重合。

因此，产生、发展于“地域”之上的“地域文化”有着两方面的含义，一方面是指文化的客观实体存在，即特定地域之各类文化事项的总和。它包含两种内容：一是一定地域范围内的人们在长期的历史过程中创造出来的物质财富和精神财富的总和，它既包括历史时期创造出来流传至今的文化元素，也包括已消失了的或流走了的文化元素；二是融入该地域文化中的被改造过的外来文化元素，这是由文化交流与传播所致，并非所有外来文化元素都能成为地域文化的内涵的组成部分，那些没有改造过的不具有地域特色的外来文化元素应被排除在外。

另一方面是指概括性的抽象的“地域文化”，描述的是一种“想象的共同体”。所谓文化的“想象的共同体”，是指人们将一地域内多元的文化体系视作统一的有机的文化体系并建构出真实地或扭曲地反映文化体系的文化“意象”的趋同。事实上，任何一种大范围的地域文化都不可能只有一个源头，都具有一定的多源融合的特点，而且地城内的各类文化事项并不必然会融合成统一的文化体系。

钟仕伦在《中国古代南北审美文化的差异及成因》中这样写道：“所谓地域文化特征，是指人类活动与地形、气候、水文、土壤等自然环境的关系，以及在这种关系影响下人类行为的表现方式，包括特定地理环境中人们的生活方式、居室、服饰、食物、生活习俗、性格、信仰、观念、价值等。”（转引自李天道，2005：23）地域文化是形成一个民族审美意识的重要条件，自然也是文学艺术的民族特征形成的重要条件。

二、牧野文化美学特征

“豫北明珠”新乡市地处中原腹地、太行山脉以南、黄河以北，紧邻河南省会郑州，是河南第三大城市，是豫北的政治、经济、文化和交通中心。

新乡源于西汉为获嘉县的新中乡，东晋太和五年（370 年）在今新乡市建新乐城。《史记志疑》说“乐者村落之谓，古字通用”，新乐亦即新乡之意。1949 年前新乡市是中华民国平原省省会，中华人民共和国成立后设新乡市。新乡作为牧野文化的发祥地，历史文化底蕴非常深厚。从同盟山的武王伐纣到陈桥兵变、岳飞抗金，从明朝尚书郭滔、张缙彦到清朝巡抚卫荣光，均从新乡走出，此地可谓人杰地灵。小冀的背装、宋佛村的高跷、七里营的唢呐、民间大鼓和武术，这里的人民更称得上是多才多艺；辉县的百泉山水、卫辉林氏宗祠比干庙、潞王陵的石刻、文庙大观碑的“瘦金书”……各种历史景点不胜枚举。店后营的古庸国、大召营的张固城、新乡西郊的获嘉城、冯石城古墓、汉墓、袁绍墓、经幢、碑塔……还有那“卫河的土龙”，朱元璋、光绪皇帝在新乡，武王点将在分将池村等民间的传说。所有这一切更为新乡增加不少神秘色彩。

总的来说，牧野文化呈现出很多的美学特征：一是以陈桥驿、博浪沙、小店河等为代表的历史意象；二是以万仙山、关山、八里沟为代表的自然意象；三是以古器物、古字画为代表的古文化意象；四是以红焖羊肉、辉县剪纸、比干祭典等为代表的民俗意象。

三、牧野文化的多媒体文本展现

（一）微电影的展现方式

微电影是专门运用在各种新媒体平台上播放的、适合在移动状态和短时休闲状态下观看的、具有完整策划和系统制作体系支持的具有完整故事情节的“微时”放映、“微周期制作”和“微规模投资”的视频短片，内容融合了幽默搞怪、时尚潮流、公益教育、商业定制等主题，可以单独成篇，也可以系列成剧。它具备电影的所有要素：时间、地点、人物、主题、故事情节。

微电影也是在数字影像技术与互联网技术发展变革的基础上应运而生的，它具有不同于以往传播介质的独特个性，以下将从三个方面进行论述。

（1）微小制作与便携性。微小制作是微电影的显著特征，数码摄像机为其创作提供了先天的基础和条件，尤其是其制作具有的便携性。

（2）微小投入与廉价性。长久以来．人们对影像不自觉地采取仰视视角的一个重要原因就是其高昂的成本。然而，技术的发展、商业化的推广和微电影的形式促成了其低廉化的制作，使之真正走入寻常百姓家。

（3）微小纪录与平民性。微电影与数码摄像机的结合决定了其具有一种可贵的草根意识、平等视角和平民表达。目前，使用数码摄像机进行微电影创作的人群是普通人，所以他们首先关注的对象往往是身边的其他普通人。另外，数码摄像机与手机结合，小巧方便，因此没有传统设备的压抑感，并且可以随时随地进行拍摄。

目前，国内的微电影主要分为纪录片与剧情片两类，它们没有主流媒体的那种自上而下的俯视态度，而是采用平视的拍摄视角。这种拍摄方式最为可贵的是原本被主流媒体忽略和不被关注的平凡人的生活被前所未有地广泛呈现与关注，题材选取上的平民性反映的是平民意识。

（二）微电影与地域文化

如何整合现有媒介资源条件，为中华传统地域文化的传播创造条件，已成为我国当前文化工作的重要任务。而微电影作为依托于飞速发展的互联网而兴起的全新媒介形式，深受各年龄段受众，尤其是年轻受众的喜爱。因此，在宣传中国传统地域文化方面，微电影有着得天独厚的优势和义不容辞的社会使命。

近年来，国内涌现了许多以地域文化作为表现内容的优秀微电影作品，为我们提供了宝贵的借鉴意义。如陈凯歌导演的微电影《百花深处》，将关注点对准老北京的古建筑古文化，谴责了对传统文化的暴力破坏与毁灭；陈可辛导演的《三分钟》通过讲述普通人的春运故事表现深深扎根在国人心中的“家”文化。由于微电影拍摄门槛相对不高，因此不仅是知名导演，越来越多的新锐导演甚至是非专业人士也都纷纷加入进来，微电影创作的力量不断壮大，其中相当一部分数量的作品主题就是地域文化的传播。比如中国广播电影电视社会组织联合会、中国农业电影电视协会策划启动“2016·美丽乡村国际微电影艺术节”就面向世界征集了2000余部展现美丽乡村主题的优秀微电影、微视频、微动漫作品，其中的优秀作品代表《梦里水城》通过讲述20世纪70年代普通家庭的一段经历展现了贵州省水城县的风土人情、地域文化，获得了“2016·美丽乡村国际微电影艺术节”的“最佳故事片奖”。

（三）微电影与牧野文化美学内涵

新乡市人民政府已经组织过几次对牧野文化的编撰和整理工作，并且以图书的形式出版，但其影响力和波及面仍然不够。要想让更多的人了解牧野文化的形式美和内涵美，就需要发掘更多受众喜闻乐见的传播形式。而新媒体传播平台的发展以及基于此出现的微电影、微纪实等视听形式为展现牧野文化的美提供了更多的方式。微电影、微纪实是在新媒体蓬勃发展的时代产生的新型传播形式，特点就在于“微”，以微投资、微时长、微周期和微平台为主要特色，赢得了众多创作者的青睐，也吸引了相当数量的受众。通过微电影和微纪实的形式，可以快节奏、短间隙地将牧野文化的场景、器物和事件再现于受众面前，使受众从视觉和听觉上感受牧野文化的魅力，体会牧野文化的美。

1. 政府组织相关专业人员拍摄制作精良的系列作品

软实力相对于国内生产总值、城市基础设施等硬实力而言，是指一个国家或区域的文化、制度、价值观等体现该地区发展潜力和魅力的因素集合。城市软实力体现着一个城市的文化、居民素养、整体形象等要素，展现着一个城市的社会凝聚力、文明程度等，是城市经济社会健康发展的强有力保障，也是居民幸福程度的重要参照依据。越来越多的城市开始重视软实力的建设，扩大城市品牌建设，注重城市形象的传播。

而地域文化作为城市软实力建设的重要内容，近年来，各地政府纷纷开始高度重视挖掘城市悠久历史，传播城市形象，其中通过政府组织、投资拍摄反映地域文化的微电影、微纪实系列作品成为越来越多城市的选择。如 2012 年浙江省杭州市上城区人民政府联手国内知名广告公司思美传媒股份有限公司投拍了一部与上城区文创建设相呼应、串联古今、讲述上城千年变迁的微电影《千年之约》，讲述了跨越千年的上城历史，表现了杭州上城区作为南宋古都的悠久历史积淀和源远流长的文化传承。2013 年天津市宁河县人民政府联手高校、文化传播企业，耗资 500 余万元打造了 12 部反映宁河县以“氢弹之父”于敏和“百年一中”为代表的学术文化、以盆罐陶艺和东丰台木版年画为代表的民间文化、以七里海为代表的湿地文化、以河蟹面等冷热菜品为代表的食文化和以芦台春系列酒品为代表的酒文化[①]等地域文化美学资源的主题微电影，对宣传宁河起到了很好的推动作用。

新乡市人民政府也高度重视新乡城市软实力建设和城市形象传播，曾专门组织专家对牧野文化进行编撰，集结出书，但传播影响力实在有限，笔者走访调查发现其在新乡本地居民范围内的阅读量都十分有限，大部分人都是闻所未闻，更不要说外地的传播了。因此，全媒体时代，新乡市人民政府也应该转变思路，转换传播策略，将牧野文化美学特征进行重新梳理，全新包装，通过一系列短小精悍的微电影或者微纪实的形式将其生动、立体地表现出来。

具体来说，可以有以下几个方面的建议。

在时长方面可以根据所表现内容定为 10～20 分钟，契合当今受众特别是年轻

① 佚名. 传播区域文化：宁河 12 种特色文化投拍微电影. http://news.enorth.com.cn/system/2013/05/07/010928532.shtml. 2013-05-07[2021-03-04].

受众移动式、碎片化的接收需要。

在题材上可以分为科教类、纪实类、故事类等，其中科教类可以对陈桥兵变、姜太公垂钓、比干剖心、围魏救赵等历史典故进行情景再现、全新演绎；纪实类可将目光对准辉县剪纸、红焖羊肉等非物质文化遗产的传承人身上，从他们身上展现一代代匠人对传统文化的坚守，并由此让更多受众了解这些传统文化的熠熠光辉；故事类可以精心构思一些和牧野文化有关的生动小短剧，让受众沉浸在精彩故事的同时感受牧野文化的魅力。

在制作手法方面，在资金保证的基础上，采用先进的拍摄理念，通过精良的创作和包装，使该系列作品不仅本土受众喜欢观看，更多不了解新乡、不了解牧野文化的受众也乐于接受。

在传播途径方面，首先是选择开放的网络播出平台。可在新乡市人民政府官网、新乡新闻网等当地主流网站设立“牧野文化”微电影专栏，将精心打造的系列微电影上传，并在电视、报刊等传统媒体平台上进行广泛报道、宣传，汇集传统媒体和新媒体的力量，并进行有机结合，增加牧野文化系列微电影的宣传力度。其次是利用便携设备进行信息的传播与推广。充分利用当今受众越来越依赖社交网络服务的特点，将牧野文化系列微电影以短视频、网页链接等形式通过微博大V、热门公众号转发与分享的方式实现滚雪球式传播，同时结合热门话题，借助相关节气等借势传播，吸引更多受众。

2. 举办微电影大赛，面向社会征集优秀作品

除了政府组织相关专家和机构进行官方层面的系列微电影作品创作之外，还可以举办微电影大赛、微电影节活动，面向社会全面征集优秀微电影作品，扩大牧野文化影响力。在这方面国内很多地市也有一些成功先例，如平遥微电影节借助平遥作为世界文化遗产的影响力，用题材丰富的微电影作品展现平遥的地域文化魅力。第五届平遥微电影节还特意增设了乡村记忆微电影奖，意图唤醒人们对乡土情怀的追忆。以第五届平遥微电影节获奖作品为例，《美丽南岭底村》《最后的守望》《平遥人家》等获奖微电影都是以地域文化作为表现对象的优秀作品。

展现牧野文化美学内涵，扩大牧野文化影响力，也要集众家之所长，广泛吸纳社会力量，提升全体受众的参与意识。因此新乡市人民政府和相关机构也可以举办如“印象·牧野”“魅力牧野”等微电影大赛，面向全社会广泛征集优秀作品，并组织专家进行评选，也可以设立投票系统，让全体受众为作品打分，从广泛征集到的众多作品中选出优秀代表作品给予一定的奖金奖励，并通过全媒体矩阵的方式在国内外密集宣传。

3. 将大学生群体引导为牧野文化主题微电影拍摄的主要力量

以大学生为代表的青年群体，他们一方面思想活跃，易于接受新生事物，善于观察记录，是拍摄微电影的主力群体之一；另一方面他们虽然对拍摄制作视频短片热情较高，但作品质量尚需提高，一些作品存在主题不够明确、内容言之无物甚至有低俗之风的倾向。引导大学生群体关注牧野文化，通过影像的方式表现牧野文化、传递牧野文化，更能对牧野文化有深层的理解，并在广大学生群体中起到更好的宣传作用。

目前，国内综合类高校大都开设有电影电视相关专业。新乡本地的高校中，河南师范大学开设了戏剧影视文学专业，新乡学院开设有广播电视编导专业，在教学大纲中均有影视短片创作相关课程。以笔者所在的新乡学院为例，广播电视编导专业一直以来都非常重视对中华传统文化和地域文化的挖掘，在专业课程作业和学生毕业设计方面都有意引导学生聚焦我们的传统文化和新乡地域的历史和文化积淀。新闻传播学院 2009 年建系以来，涌现出了许多表现传统文化的优秀学生作品，如获得 2012 年国际大学生微电影盛典纪实类最高奖的作品《盆窑工》，以及获得河南省优秀教育电视节目一等奖的作品《影前戏后》等作品，都是对传统文化的深度挖掘。2018 年 6 月，由新乡学院党委宣传部、校团委、教务处、学生处、新闻传播学院主办，新闻传播学院实验教学实践平台“新新传媒”承办的首届“新新故事”颁奖典礼暨“美丽乡村”主题创作启动，希望传递“用光影记录世界，用声音传递真情”“发现乡村之美，传承乡土文化”的理念，挖掘一批优秀学生作品。

新乡市人民政府及相关机构完全可以借助这些有生力量，与高校相关院系联动，共同举办以牧野文化为主题的大学生微电影大赛、微电影节等，广泛吸纳国内外广大学生群体参与其中，提升牧野文化在年轻群体中的影响力。

第四节　举办文化节、文化活动提升牧野文化品牌的参与体验

一、牧野文化品牌

“品牌”是市场的衍生物，是市场经济自觉的一种表征。《辞海》（1979 年

版）中无“品牌”词条，但对“品”和“牌”均有详解。其中，收录“品”有“标准”“物品”“品种”“品质”“等级”“品评”“官吏品级”“众”“法式”“吹弄乐器”“乐器构件”“姓氏”等12条义项；“牌”有“揭示或标志所用的板”“产品的名号”“用作凭证的小木板或金属板”“古时兵器‘盾’的俗称”“娱乐用品、赌具”“丧礼所设的木主”“词曲的调名”“清代一种下行公文”等8条义项。

自20世纪50年代美国的大卫·奥格威第一次提出“品牌”概念以来，围绕“品牌”的争议可谓众说纷纭、林林总总。奥美广告的创始人大卫·奥格威对“品牌”的定义是：品牌是一种错综复杂的象征，它是品牌的属性、名称、包装、价格、历史、声誉、广告风格的无形组合（转引自周云，2013）。“品牌”同时也因消费者对其使用的印象及自身的经验而有所界定。市场营销专家菲利普·科特勒这样解释“品牌”：品牌就是一个名称、标记、符号或设计及其组合，用以识别某个消费者或某群消费者的产品或服务，并使之与竞争对手的产品或服务相区别（转引自柏定国，2010）。基于以上代表性的观点，余明阳在《品牌学教程》中将其归纳为综合说、符号说、关系说和资源说四种类型。

品牌概念在中国的流传，与市场经济实践的不断深入密切相关。简而言之，品牌是一种文化的凝结，品牌是文化的无形资产，其载体是所有能够与同质化的产品或服务相区分的名称、符号、设计及其组合所形成的影响力，是自愿溢价的凭证。品牌是社会消费环境的产物，是消费者心理塑造的结晶，但产权却属于产品的生产企业或服务的提供组织者，与消费者的购买行为相脱离。

文化品牌，是文化产业品牌化的结果。作为品牌的一个类型，文化品牌是相关文化、艺术、娱乐、休闲、新闻、出版、传播等行业的品牌。文化品牌主要涵盖了文化艺术、新闻出版、广播影视、网络传播、休闲娱乐、文化旅游、会展收藏、体育健身等八个主要领域及其他衍生领域。

基于品牌的普遍意义，文化品牌与普通商业品牌具有同质性，即具有普通商业品牌所具备的一切要素。但作为支撑文化产业的文化品牌，它还具备自己独特的个性。

第一，它的出发点和普通的商业品牌不同。普通商业品牌注重如何发掘和构建品牌的文化内蕴，而文化品牌则要进一步实现文化创新，并设法使创新文化与原生文化融合，以推动文化产品、文化项目的完美发展。

第二，文化品牌不仅具有商业属性，更具有意识形态属性，因此它的管理难度更大。一般而言，意识形态往往在发展上带有一定的滞后性和规定性，社会已经前行，而文化可能还要按照它既有的惯性运作一段时间。如何在运作中协调这两者的步伐，使之与时代、社会同步，最大可能地满足消费者的文化需求，是文化品牌运营管理过程中的最大难题。这也是文化体制改革总体上滞后于经济体制改革的主要原因。

第三，文化品牌的缘起与普通商业品牌也有所区别。普通商业品牌往往是从追求利益的最大化出发，为了实现这种目的，需要为消费者提供更优良的服务，从而构建品牌乃至品牌文化。文化品牌的发生则有两种途径，一种和普通商业品牌的途径相一致，另一种是先有一个文化概念，然后再将之品牌化、产业化、市场化。这个文化概念的内核，有可能来自以艺术创作、学术研究、对外交流等为主线的文化活动，也就是在学术研究、艺术创作以及对外交流中创造出文化产品，衍生出文化品牌；或者来自文化名人、名校、名社、名院的影响力；或者是民族文化、地域文化、特色文化等文化资源的历史传承；等等。因此，文化品牌更多地源自一种丰厚的文化底蕴，是这种文化的张扬与发展。

第四，文化品牌更注重创意，是创造与梦想的产物。它比普通商业品牌更加注重性格与个性色彩，强调感情的投入，同时激发出更多的联想与想象，借助于人们的想象力创造出一个与现实世界焕然不同的、如梦如幻的世界。这是迪士尼、梦工厂、哈利·波特之所以让人们如醉如痴的原因，也是其最终获得成功的保障。

所有品牌都有一个原生文化背景在支撑着，一切品牌体验，也都离不开文化体验。因而在品牌的运营中，人们无不把文化放在首位。一个文化品牌的创立与发掘，其实质更是文化内蕴的创意与赋形，其核心则在于文化的定位。

就一个文化品牌的创立而言，可以经由两个路径：其一是对原有文化的发掘，从历史的、民族的、民间的、现有的各种人文奇观中发掘出具有深厚文化内涵与底蕴的文化品牌。如陕西西安曲江新区的“大唐芙蓉园”，就是发掘西安盛唐历史文化遗产，加之声、光、电等现代科技的综合演绎，构成一幅瑰丽的“盛唐文化奇观”，在对原有的文化进行发掘的过程中，必须注意不能背离文化背景的精神，不能忽略文化品牌的地域特征。同时，要认真区分所发掘的对象，把握对象的文化个性，并根据原有文化的内涵予以创造性的发挥。其二则是创立一个前所未有的、全新的、富有现代气息和风尚的文化品牌。创意是一个文化品牌成功所必需的，创意是梦想，是基于现实的梦想。“蓝猫卡通”“大红陶瓷”就是创意得以成功的典型范例。

一个完整的品牌不是单单只有一个名称，它是许多信息的集合体，其中既有品牌名称、标识与图标、标记、标志字、标志包装、广告歌曲等直接对消费者构成感觉冲击的外在的、具象的显性要素，也有品牌承诺、品牌个性、品牌体验等不可以被直接感觉的隐性要素。结合文化品牌的具体特点，我们将其主要构成要素概括为文化产品或服务、品牌标识（CIS 形象识别系统）、品牌定位、品牌关联或品牌联想、品牌个性、品牌附加的企业文化、品牌洋溢的情感等七个方面。

（一）文化产品或服务

文化产品或服务是文化品牌所依附的“实体”，没有了产品和服务，就谈不上品牌。任何一个文化品牌都是和特定的产品或服务联系在一起的。产品或服务是文化品牌价值最集中、最直接的体现，也是文化品牌内涵最集中、最直接的彰显。一个著名文化品牌下的产品或服务，首先应当是品质一流、无懈可击的。作为文化品牌组成的基本要素，产品还包含了产品的功能、性能、包装、价格和质量等内容。

（二）品牌标识（CIS 形象识别系统）

品牌标识（CIS 形象识别系统）是包括品牌的名称以及标识、图标、标记、标志字、标志色、标志包装、广告歌曲在内的品牌视觉和听觉形象识别体系。好的产品名称是形成品牌的重要条件，一个好的名称可以给人带来好的联想，甚至折射出名称下所包含的历史、文化含义。因此，品牌的名称是很讲究的，不但要有独特性，还要立意隽秀，意境深邃广大，令人回味无穷。好的、醒目的品牌标识，可以让人从中联想起更丰富、深刻的寓意，世界上大多数杰出的商标在进行图形设计时都是巧夺匠心、鬼斧神工的。

（三）品牌定位

品牌定位是一个品牌所要努力的方向是它的承诺、它的文化价值的集中体现。品牌定位往往以主题词的形式表现出来。好的形象主题陈述以简洁的一句话告诉受众产品是用来做什么的，企业是做什么的，该品牌可提供什么益处以及它与竞争者的区别，为什么它比其他竞争者更好，等等。

对于品牌而言，消费者导向是其真正的第一价值导向，品牌定位最重要的是如何将品牌由产品导向、竞争导向回归到消费者导向。

（四）品牌关联或品牌联想

品牌关联或品牌联想是指通过品牌的标识、产品、服务场所能引起的一切关联想象，如企业文化、企业历史、创始人致富故事、经营理念、企业的社会形象、公益活动、产品的知名度、产品质量、服务，等等。一个品牌的关联想象越丰富，这个品牌的内涵也就越丰厚，越为世人所瞩目，越有价值。但是，关联想象是与品牌认知度相联系的，一个品牌的知名度再高，如果缺乏认知度的话，它所能引起的联想与想象也是有限的。同时，有研究表明，品牌关联现象也代表着一种生活方式，即具有相同教育背景的同年龄段人群，当他们的消费能力接近时，他们的生活方式也比较接近，因此他们的消费品牌也比较接近，也就是说，每一个特定消费者群，都有他们独特的生活方式。利用品牌关联效应，我们可以更好地做好文化产品和服务的品类组合，通过研究一个消费者对文化品牌的集中喜爱程度，我们可以进行文化产品和服务的品类组合优化。

（五）品牌个性

品牌个性是指在同类企业、同类产品中品牌所表现出的独特个性。这种个性一方面使得品牌能够在众多的同类品牌中卓尔不群，如同是IT界生产、经营电子计算机的著名品牌——戴尔与苹果、康柏；另一方面，又可以使品牌彰显出自己的经营理念与风格，表现出自己所具备的与其他品牌不同的风范、经营理念、处世风格。

文化品牌个性的塑造不以企业和企划人的意志而转移，也不单与品牌的定位有关，产品的属性、服务特征、包装设计、广告风格、视觉符号、使用者、公共关系、品牌的历史、企业的领导者等诸多因素，对品牌个性的树立都有着很重要的意义。因此，塑造文化品牌的个性，企业要系统化、规范化，就要遵守以下六条原则：①精确品牌定位，锁定沟通人群。品牌个性并不像品牌的标识那样直观，可以看得见摸得着。品牌的个性是一种感觉，而这种感觉也会变化，存在于消费者的心灵深处，会直接影响消费者对品牌的直接感官甚至购买决策，因此，塑造品牌个性也要考虑目标消费者的未来期望，这样才能实现长时间与消费者的共鸣。②以品牌的核心价值为轴心。品牌的核心价值是塑造品牌个性的内在动力，而品牌个性是品牌价值的集中表现，两者是相互统一的。塑造品牌个性就一定要围绕着品牌的核心价值进行，同样地，如果要想提升品牌价值，那么也必须要有鲜明的品牌个性的支持，以便进一步丰富品牌的内涵，更好地经营品牌。③设计出品牌的人格化形象。品牌个性是品牌的人性化表现，是品牌人格化后所显示出的独特性，一个品牌如果没有人性化的含义和象征，那么这个品牌就失去了它的个性。因为无论是品牌产品还是其他品牌服务都是为人服务，而人是有感情的。因此，要想使品牌占领目标消费者的心，就必须使冰冷的商品拥有人情味及生命力，这就要让品牌人格化。④建立和深化与消费者的情感关系。消费者总喜欢选择符合自己个性的品牌，因此，对于消费群体而言，创建具有与其个性相近的品牌是一种有效的营销策略。品牌的个性跟消费者的个性越接近就越能与消费者建立情感；情感越深厚，消费者对品牌就越忠诚。⑤简约而不简单。品牌个性一定要简约，不能太复杂，太复杂就让消费者难琢磨、难识别、难记住，更难以与消费者进行情感对接。⑥加强品牌个性的投资及管理。品牌个性的塑造，需要不断地进行投资，随着消费人群的更新及变化，品牌个性也要做出相应的变化，需要不断地进行维护和管理，使之深入消费者的内心，从情感上成为其消费的理由。同时，加强品牌个性的投资，也是不断为品牌做加法的过程，最终将累积丰厚的品牌资产，实现企业的持续性发展。

（六）品牌附加的企业文化

一个品牌的树立与保持，是品牌运营企业的核心理念与行为方式的延伸。企业文化是一个企业经营风格的表现，代表了品牌运营者特定的人文修养、精神境界和美学品位，品牌所包含的文化价值是这种特定的人文修养、精神境界和美学品位得到社会认可并被社会所接受而得以广为传播的结果。

（七）品牌洋溢的情感

品牌洋溢的情感可以从两方面来理解。一方面是品牌运营者、产品生产者在品牌运营和产品的生产过程中所倾注的感情。这种感情使得品牌在外在表现上更富于人性色彩，并使得品牌不间断地延续、光大，从而积淀了更多的文化内涵。另一方面是消费者对品牌所倾注的感情。消费者在使用品牌产品的过程中，由于对某一种产品的喜好，对其样式、品质、服务的满意，进而延伸到对该品牌所有产品的喜爱，形成自己的消费习惯，并热烈地喜欢上该品牌。在其中，发生了许多品牌运营者与消费者之间的感人故事，这些故事不断地附加在品牌之上，使得品牌可以脱离于具体产品而存在。这是品牌得以不断延续并发展的基石。

为了使品牌洋溢情感，首先要充分了解目标消费者可能期望品牌传达什么价值观和情感。在提炼情感价值的时候不能闭门造车，可以通过组织深度访谈、座谈会等方式有效地激发消费者畅谈态度、信仰、性格、理想、价值观、对产品和品牌的看法、对竞争对手的评价等。在分析、归纳、整理这些信息的基础上，洞察消费者的内心世界，了解他们的渴望、审美偏好、价值观和未被满足的需求，提炼出品牌可能的情感取向，然后进行筛选，留下适合由本企业的产品类别传达的情感价值。提炼、整理、归纳品牌情感价值的时候要注意几个准则：一是感染力。品牌洋溢的情感应该具有强大的感染力，能震撼消费者的内心深处，这样才能更容易地拉近品牌与目标顾客之间的距离。二是排他性。品牌洋溢的情感应该具有高度的差异化，与竞争品牌形成差别。缺乏个性的品牌情感不能为消费者带来增值价值，更不能引发消费者内心世界的共鸣。三是统一性。品牌洋溢的情感应该与企业文化一脉相承，这样才能保证企业始终支持这个品牌价值。而受到企业文化约束的员工行为中能够自然而然地体现品牌的价值，从而赢得消费者的认可和信任。

一个品牌的形成，是漫长的情感体验的过程，也是不断积淀与叠加的过程，其中所包含的因素多得难以尽述。但所有的优秀品牌，一般都脱离不了以上这七种元素，这也是最值得研究者与品牌运营者所重点关注的元素。

二、牧野文化品牌的构成

地域文化代表了一个地区的历史基因和基本底蕴，是由历史传统的不断积淀而形成的。区域形象建设重在对历史传统的挖掘和弘扬，将现代化与优秀传统相结合。新乡地区历史悠久，更是应该深入挖掘其中的历史传统。弘扬历史，不仅仅意味着对文物古迹的保护，更重要的是要通过表象深入挖掘其中的历史文化内涵。牧野文化历史悠久，但由于传播力度不足、传播方式滞后，牧野文化在众多地域文化传播中黯然失色。面对这样的严峻形势，当地政府更应该转换思路，立足长远文化发展，全面打造牧野文化品牌。

地域文化品牌包括内在和外在两个因素。内在因素是地域文化品牌的实态，如遗迹遗址、历史文物、其他物质文化和非物质文化资源。内在因素是前提条件，决定了是否有成为品牌的价值。牧野地区历史悠久，资源丰富，既有裴李岗文化、仰韶文化、龙山文化、二里头文化等文化遗址，潞王陵、战国墓群、战国长城等墓葬与地上文物，又有西明寺、比干庙等宗教建筑，兽面纹铜方罍、陆远青绿山水图轴等馆藏文物，还有小店河清代民居群、夏家大院等古代宅院遗址，比干祭典、中州大鼓、五彩皮影戏等非物质文化遗产。深厚的文化底蕴和丰富的历史积淀决定了其具备打造成知名文化品牌的前提条件。外在因素是建立文化品牌的助推器，主要指全面整合既有资源，设计文化品牌，运用营销的理念，综合运用各种传播手段提升该区域的知名度和社会美誉度。文化品牌的打造，是对牧野文化传承的战略升级，从商业运营的模式挖掘牧野文化的最大特色，通过一系列创意包装和营销手段的运用充分挖掘牧野文化特色，提升新乡地区的软实力。

（一）牧野文化品牌建设的主要工作

文化品牌的塑造与传播可以分为调研、定位、设计与推广四个步骤，在成功推广之后还需要进行后续长期的日常品牌维护。第一步需要进行品牌调研，确定一个文化品牌之前需要对它进行深入了解，明确该区域的资源优势、发展前景，以及其在本地和区域外受众中的定位及知名度等。在此基础上进行各种形式的调查，如问卷、访谈等，得出关于该区域文化的科学客观结论，为后续步骤提供依据。第二步需要明确品牌定位，对目标市场进行细分。第三步是对品牌进行设计，将文化底蕴、价值、定位等概念附着在具象载体之上，使受众可以去感知、体验。第四步是品牌推广，针对品牌特征和目标受众定位有针对性地进行品牌传播。

对于牧野文化品牌的塑造与传播来说，也要做到以上几个方面，真正建立和维护起具有自身鲜明特征和竞争力的品牌形象，提升牧野文化的影响力。线上渠道可以广泛传递牧野文化的相关信息，而线下活动则可以增强受众的体验感，让受众获得关于牧野文化的第一手资料，从而对牧野文化有更直观的了解。从国内外许多地市的成功经验来看，举办文化节和特色文化活动是切实可行的策略之一。

地方文化节和文化活动是地方政府为了提升知名度、推动区域经济发展而举办的具有群众广泛参与的节会活动。文化活动属于一个地区特有的文化形态，能够对地区文化的传播和文化形象的塑造起到积极的促进作用。文化节由来已久，国际上有很多享誉盛名的文化节活动，如德国慕尼黑啤酒节、西班牙斗牛节、巴西狂欢节等；国内也有许多知名文化节，如青岛国际啤酒节、吴桥国际杂技艺术节、潍坊国际风筝节、山西面食文化节等。

近年来各地的文化节活动多种多样、精彩纷呈，普遍受到了当地政府的高度重视和人民群众的喜爱，该类活动的成功举办对当地的政治、经济、文化发展均起到了重要的推动作用。

1. 政治导向作用

文化节举办的前期筹备、中期举办、后期总结，需要地方政府和人民的广泛参与，人们为了同一个目标共同努力，并在节会期间一起欢聚、庆祝，这样一个有意义的活动有助于实现地方的政治稳定，对地方政府和群众凝聚力的提升有很大的鼓舞和推动作用。

2. 经济发展作用

文化节是一项综合文化活动。文化节可以广泛吸纳社会资金，在筹备过程中通过招商引资活动带来资金注入，并在举办过程中通过各具特色的环节设置，巧妙开展经贸活动、旅游推广活动，直接推动地方经济的发展。从长远发展来看，文化节成功举办带来的影响力、发展机遇，对地方经济的持久健康发展也有极大的推动作用。

3. 文化推广作用

文化是人类的生命记忆，是人类创造力的精神源泉，是人类智慧的结晶，是世界文化多样性的生动展现，是人类永恒的精神家园。随着经济全球化的推进和现代化进程的加快，文化生态发生了巨大变化，传统文化受到越来越大的冲击，许多珍贵的文化遗产濒临消亡，保护传统文化刻不容缓。

通过文化节活动深入挖掘地方传统文化资源，将地区民间艺术、民俗活动生动呈现，让受众直观感受传统文化的魅力，能够弘扬地方优秀文化传统，促进地方精神文明建设，树立地方文化的品牌形象，从而提升该地区的文化软实力。

（二）以黄帝故里拜祖大典为例分析其成功经验

河南是中华民族与华夏文明的重要发源地，四大发明中的指南针、造纸术、火药三大技术均发明于河南。历史上先后有 20 多个朝代建都或迁都河南，八大古都中的十三朝古都洛阳、八朝古都开封、七朝古都安阳都位于河南。还曾出过商汤、庄子、韩非子、商鞅、苏秦、吕不韦、张衡、韩愈、刘禹锡、李商隐、李贺、岳飞等历史名人。为了充分挖掘河南的历史文化底蕴，建立有国际影响力的文化品牌，河南省内近些年也涌现了许多知名文化节（文化活动），其中具有代表性的有新郑的黄帝故里拜祖大典、淮阳的伏羲文化节、安阳的殷商文化节、鹿邑的老子文化节、郑州的国际少林武术节等。下面，笔者就以黄帝故里拜祖大典为例分析其特色和可借鉴之处。

早在春秋战国时期，新郑民间就有“三月三，拜轩辕”的习俗。这样的祭拜活动表达了百姓对黄帝的崇敬和怀念之情，也寄托着人们对未来生活的美好期许。经考证发现，轩辕黄帝是在新郑出生的，新郑因此被称为“黄帝故里”。据刘文学研究，黄帝与其臣属在河南的活动遗迹有86处，在新郑一带的就有46处，其中在新郑境内的25处，或以黄帝国号为名，或以黄帝父亲少典为名，或以黄帝老师为名，或以轩辕为名，或以黄帝为名，或以黄帝臣为名，如少典祠、广成庙、轩辕丘、黄帝庙等①。各种民俗和传说故事等民间积淀丰富，但这一巨大文化资源宝库一直未得到足够的重视。1992年，新郑市人民政府整合民间祭拜活动，开始在每年农历三月初三举办祭拜节，后更名为“炎黄文化节”。2006年，升级为“黄帝故里拜祖大典”，吸引了众多海内外中华儿女前来寻根。2008年，黄帝故里拜祖大典成了第一批国家非物质文化遗产扩展项目。十多年来，黄帝故里拜祖大典一步步发展完善，规格逐步提升，影响力逐年扩大，目前已经由区域性的纪念活动发展成了全世界的文化盛事，成了河南对外的一张文化名片。

1. 科学的活动规划

黄帝故里拜祖大典的成功，和政府的高度重视、科学规划分不开。各级领导高度重视黄帝故里拜祖大典工作，多次强调大典要秉承“党政主导、政协主办、郑州承办、部门配合”的总体要求。党政主导指拜祖大典由河南省委、省政府领导和主导；政协主办指由河南省政协进行工作协调安排；郑州承办指由郑州市委、市政府和新郑市委、市政府具体负责工作落实；部门配合指省、市相关部门上下联动、密切配合。

除了政府高度重视之外，黄帝故里拜祖大典委员会多次前往陕西黄陵、山东曲阜孔子庙等地深度考察当地的祭祖活动经验，邀请了专业旅游规划顾问公司、中央电视台等十多家单位出谋划策，制定了科学的拜祖大典规划安排。

黄帝故里拜祖大典委员会一直坚持政府投入与市场化运作相结合的运作模式，于2008年成立了黄帝故里建设基金会，首次捐赠仪式就成功筹得了400余万元。在活动举办过程中，更是通过全程合作伙伴、活动协办、单项活动冠名等筹措资金、节约举办成本。

2. 丰富多彩的活动内容

2006年以后，黄帝故里拜祖大典的议程固定为九项，分别是盛世礼炮、敬献

---

① 武建玲. 中华民族的人文始祖，http://news.gog.cn/system/2017/03/31/015545321.shtml. 2017-03-31[2021-03-04].

花篮、净手上香、行施拜礼、恭读拜文、高唱颂歌、乐舞敬拜、祈福中华、天地人和。

此外，借助拜祖大典的平台，每年一系列的文化活动都会在大典期间举办，既可以丰富群众文化生活、弘扬传统文化，又能够对外宣传新郑的城市形象，推动区域经济发展。如 2017 年拜祖大典期间，主办方举办了一系列活动：一是举办了第十一届黄帝文化国际论坛；二是举办了第十一届中国（河南）国际投资贸易洽谈会；三是举办了“一带一路”星耀兰亭书法精品展，共征集“一带一路”沿线约 20 个国家书法名家作品近 150 幅；四是举办了第三届“根亲中国”微电影大赛，共征集作品 610 部，涉及根亲文化、“人间大爱”、“家乡故事”等主题。此外，大典期间还举办了全球华人汉字创意设计展、全球征集《拜祖文》、“老家河南”文化周、“一带一路与郑州国家中心城市建设”座谈会、“海峡两岸”经贸文化论坛等经贸文化活动。这些活动紧密围绕大典主题，通过丰富多样的形式提升了群众的广泛参与性，进一步宣传了根亲文化、黄帝文化的主题。

3. 全方位的全媒体宣传报道矩阵

以 2017 年大典活动为例，在前期宣传上，提前半年多各级媒体就结合自身特点报道大典的各项筹备工作，开设倒计时标示。2017 年 3 月 28 日起在 CCTV-1、CCTV-4、CCTV-9、CCTV-13 等权威电视媒体滚动播出大典的宣传片进行前期预热，在《人民日报》、《光明日报》、《经济日报》、《新华每日电讯》、《中国日报》、《人民政协报》、《环球时报》、美国《侨报》、法国《欧洲时报》、加拿大《七天》等权威纸媒刊发拜祖大典宣传文字。

另外，郑州本地各媒体结合自身特点，为大典的举办造势。如在户外宣传上，在灯杆灯箱、灯杆幕旗、路名牌、公交站牌及候车厅、公共信息栏、阅报栏、出租车停靠站、大型工地围挡、LED 显示屏及游走字幕等处广泛发布拜祖大典宣传广告，全面烘托起大典的宣传氛围。

拜祖大典当天，中央电视台国际中文频道（CCTV-4）、凤凰卫视通过其遍布全球的频道落地，向海内外华人现场直播；手机与 PC 端的近百个平台视频也全程直播了拜祖大典盛况，主办方还利用 APUS Group 平台向全球 10 亿海外用户推送拜祖大典的新闻。

这样运用“互联网+”思维，全媒体联动的声势浩大的宣传方式，使黄帝文化真正走进了大众生活，也使拜祖大典及相关活动的影响力不断扩大，成为一项文化盛事。

三、牧野文化节实施策略分析

（一）以比干祭典为中心进行扩展，打造牧野文化节品牌

牧野地区的相关文化活动虽然一直都在进行着，但范围比较小，影响力不足，受众的参与面较窄。

目前牧野地区影响力相对较大的文化活动是卫辉市的比干祭典。比干是我国有史以来记载的第一位爱国忠臣，是民俗中的文财神、文曲星，在民间传说、通俗艺术中被民众塑造成圣洁无瑕的完人楷模、公正的赐予者、万民的护佑者。卫辉比干庙作为林氏的故土祖庭，成为海内外林氏魂牵梦萦的圣地。自1992年起，每年的农历四月初四，卫辉市都要举办比干祭典活动。截至2020年4月26日，比干诞辰3112周年，先后有30多个国家和地区的比干后裔和华人华侨近百万人前去寻根谒祖和观光旅游，比干诞辰纪念活动已成为新乡市与广大比干后裔交流合作的平台。①

因此，可以借助比干祭典不断扩大的影响力，并以此为中心，在每年的比干祭典期间打造牧野文化节，通过品牌化的大型文化活动让前来参加比干祭典和通过各媒体关注比干祭典的民众对牧野文化加深了解，提升牧野文化的知名度。

（二）政府投入与市场化运作相结合的运作模式

政府和相关机构要高度重视打造牧野文化节，把它作为提升新乡市软实力的一项重要工作和举措去做。当前，本地政府对牧野文化还不是十分了解，未能深刻领悟牧野文化内涵，对牧野文化建设认识不够。政府应进一步组织成立高规格的由牧野文化研究专家组成的专业研究组织，充分发挥学术的引领作用，加深对牧野文化的理解，明确打造牧野文化节品牌的必要性和紧迫性。深入学习国内外优秀文化节、文化活动的成功经验，对牧野文化节进行科学的整体规划。

牧野文化节要实现“高层次、大规模”的目标，除了政府的高度重视和科学规划外，资金的保障是非常重要的。牧野文化节形成长期品牌，获得持续发展的动力，需要社会力量的广泛参与。文化节每年的费用将会是一笔不小的开支，而政府能够支配的财政金额有限。牧野文化节要积极借鉴黄帝故里拜祖大典等其他

---

① 卫辉市委统战部. 卫辉市举办比干诞辰3112周年纪念大典 http://www.rootinhenan.gov.cn/sitesources/xx/page_pc/gatqhw/articlef61b903359a64ea8a16377b28809c7f2.html. 2020-05-07[2021-03-04].

文化活动品牌的成功经验，在运作模式上走市场化的道路，改变传统观念上政府大包大揽的管理模式，减轻政府的财政压力。在牧野文化节的举办过程中，政府的主要工作就是做好宏观规划和科学指导，为文化节提供政策支持保障，确保文化节的科学性和规范性，做好基础设施建设和安全保障工作，进行广泛宣传，扩大文化节活动的社会影响，引导相关文化活动积极开展。牧野文化节想要成功举办并长久发展，需要从一开始就建立起以政府为主导、市场化运作的文化融资机制。在具体运作的过程中，需要把牧野文化节的流程，各文化活动、互动项目的选择，相关的旅游文化线路、文化产品的包装销售等都交给专业的公司去策划，进行品牌化的包装和运作，通过市场行为去吸引更多的社会资本注入牧野文化节活动的筹备中。在融资过程中，既要充分聚合社会力量，向企业、民间团体、爱心人士等积极筹资，又要明确牧野文化节身为文化活动的定位，严格把握商业化的程度。

（三）提高科技含量，重视牧野文化的展示体验

文化节的主要意义在于传播牧野文化，因此，如何使受众深入了解牧野文化并感受牧野文化的魅力，就是一个需要认真思考的问题。黄帝故里拜祖大典等众多成功的文化节（文化活动）给了我们可以借鉴的思路，总结下来可以从以下几个方面进行尝试。

1. 以艺术演绎的方式重现经典历史场景

牧野地区曾孕育和造就了众多在历史上颇具影响的杰出人物：忠烈谏臣比干，东方谋圣姜尚，孔子弟子子路，名相张苍、陈平、周勃、周亚夫等。同时也具备极其丰富的文化历史渊源，如鸣条之战、牧野之战、张良刺秦、官渡之战、陈桥兵变等许多重大战事，赋予了牧野文化极其丰富的内容。且鸣条之战和牧野之战不仅对当时的王朝更替起着极其重要的作用，还对我国的传统思想、礼法制度、宗教信仰、文化道德等的形成产生了极其深远的影响，使得“自古中原多豪杰、得民心者得天下”在后世中广为流传。如果只是简单地让受众通过讲述、文字描述去了解历史，虽然也能形成一定的认识，但会较为枯燥，不容易调动受众的积极性。随着高科技的不断发展，我们应当把传统文化与现代信息技术相结合，深入挖掘牧野文化中的视觉和听觉审美景观，依靠现代电子技术手段，实现牧野文化的现代化表达。

在这一方面，我们可以采取实景舞台剧的形式充分调动受众的积极性。鉴于实景舞台剧能够给人留下非常深刻的印象，可以增强宣传效果，国内近些年涌现出了很多声、光、电一体，实景与虚拟景观相结合的大型演出，如《印象·刘三姐》《又见平遥》《宋城千古情》《长恨歌》等。其中《印象·刘三姐》是全球最大的山水实景演出，它以自然造化为实景舞台，利用目前国内最大规模的环境艺术灯光工程及独特的烟雾效果工程，创造出如诗如梦的视觉效果，将刘三姐的山歌、民族风情、漓江渔火、山水圣地等元素巧妙组合，还原于自然，给人以强烈的视觉及听觉冲击，达到了如诗如梦的效果。演出过程中通过写意的演出、现代与传统交融的民间音乐的演绎，生动地表现了传奇的民间故事、生动的历史人物、曼妙的少数民族歌舞秀、精致的少数民族服饰，真实地还原了当地居民的生活状态，观众可以通过这样一台令人惊叹的视觉、听觉文化景观的审美体验，感受到浓郁的地方文化性格和文化意象。

新乡当地政府可借鉴以上国内外优秀文艺演出的成功经验，组织相关专家围绕牧野文化中的众多历史故事、民间传说、代表人物等，创作出一系列精心打磨的优秀舞台剧剧本，在此基础上整体策划、设计场景，在每年牧野文化节期间搭建实景舞台，排演牧野文化主题的新型舞台剧，生动地诠释比干、姜尚等历史人物形象，创新地展现牧野之战、张良刺秦、官渡之战、陈桥兵变等历史事件和民间故事，展现厚重的牧野文化。通过先进的国际化、综合性视听语言的诠释魅力，运用声、光、电一体的高科技手段打造牧野文化视听盛宴，带领观众穿梭千年，领略牧野文化的辉煌，增强人们的文化自豪感。

2. 精心设计文化参与项目

牧野地区历史悠久，留存下来的历史文化资源非常富足，除了丰富的遗址、文物等物质资源之外，还有着中州大鼓、五彩皮影戏、辉县剪纸等优秀非物质文化遗产。这些生动的非物质文化资源除了在牧野文化节期间可以展示给受众观赏之外，还可以作为体验项目使群众真正参与其中，上手触摸、实际体验。

以长垣五彩皮影戏为例，长垣市方里乡吕庄村的五彩皮影戏是河南省的稀有剧种，约有 100 年的历史，在 2009 年 6 月被河南省人民政府确定为第一批省级非物质文化遗产扩展项目。1957 年，长垣县[①]成立了皮影剧团，成为当时全国仅有的四个大型皮影剧团之一。但现在由于后续人才青黄不接、资金缺乏等，五彩皮

① 2019 年 8 月，河南省撤销长垣县，设立县级长垣市。

影戏正面临着失传的危机。五彩皮影在人物造型方面非常讲究，所画线条古拙粗犷，装饰图案有着深厚的民间艺术气息。其中，女身发饰、衣饰多为花草云凤图案，男身装饰多为龙虎水云图案。皮影做工细腻、色彩淳朴，凸显出民间工艺特有的乡土韵味、悠久的历史和浓烈的民族韵味。在表演方面，长垣皮影戏惟妙惟肖，唱词滑稽、风趣。

这样的优秀非物质文化遗产，现在却面临着失传的危机。一方面，它的传承人越来越少，演出机会也屈指可数；另一方面，很多本地群众都对这项优秀文化瑰宝艺术缺乏了解，真正有机会一睹其风采的人寥寥无几。面对这样的尴尬局面，牧野文化节就是一个展示这些优秀非物质文化遗产的最好平台。文化节可以提供给这些艺术展示的机会，让参加文化节的受众近距离观赏。并且，通过非物质文化遗产传承人现场讲解、指导的方式可以让受众亲自体验其中，如五彩皮影戏项目，就可以设置现场观众制作皮影戏环节和皮影戏演出环节，让观众零距离体验非物质文化遗产，感受牧野文化的魅力。需要特别注意的是，由于很多非物质文化遗产项目制作步骤繁复，建议在保留传统工艺制作精髓的基础之上，将复杂的工艺制作步骤适当简化，以保证包括少年儿童在内的受众都可以上手制作，体验传统文化的乐趣。

3. 开发文化主题公园，浸入式全景体验

新乡当地政府还可以充分利用牧野文化资源，尝试开发牧野文化主题公园，整合自然风景、游乐设施、剧场演出、文化体验等项目，使人们通过一处处完整的古建筑群穿越时空，体验牧野文化。在这一项目的开发方面，开封的清明上河园、西安的大唐芙蓉园等都是很好的借鉴范例。

以清明上河园为例，它是由开封市人民政府和海南置地集团有限公司合作建设的一座大型宋文化主题公园，坐落于开封龙亭湖西岸。它以北宋画家张择端的《清明上河图》为设计蓝本，将其画作移入现实世界，以 1∶1 的比例复原图中人文景观和民俗风情，是河南首家主题公园，也是中国第一座以绘画作品为原型的仿古主题公园。园中以宋朝市井文化、民俗风情、皇家园林和古代娱乐为题材，以游客参与体验为特点，集中再现了原图风物景观，再现了古都汴京千年繁华的胜景。在环境塑造方面，清明上河园注重建筑的仿宋化和原画的高还原度，园里的工作人员均穿着宋朝服饰，园中也遍布各类传统民间作坊，游客可以体验宋朝传统民间食物，这些实现了强烈的浸入式氛围的塑造，让游客真切地感受到了宋代文化。另外，园中项目众多，从早上 9 点的“包公迎宾”开始，到晚上 8 点的

“大宋·东京梦华”，中间有20余项节目在不同时间、不同位置穿插呈现，再现了好汉劫囚车、汴河漕运等历史故事和场景。园中各处还设置了吹糖人、捏面人、糖画等民间艺术展示摊位，供游客体验、品尝。智慧景区产品打造更加完善。景区还注重新媒体的作用，与腾讯公司合作，打造了大宋网红版语音画册、H5互动游戏、微信购票等智慧产品，让游客互动体验更人性、更具趣味性。这种360度沉浸式全景展示的形式使观众仿佛梦回宋朝，给他们带来了强烈的视觉和听觉冲击。

牧野地区地灵人杰、英才辈出。共工治水、牧野之战、官渡之战、陈桥兵变等一系列重大历史事件发生在新乡，竹书纪年、子路治蒲、竹林七贤等文化遗存俯拾皆是，也孕育和造就了众多在历史上颇具影响的杰出人物。以这些宝贵的历史文化资源为主题建立一个牧野文化主题公园，可以作为牧野文化节的扩展项目在平日里对游客开放，拓展和延续牧野文化节的影响力。新乡当地政府可以参照清明上河园的开发和运营模式，并充分考虑牧野文化的特色，根据牧野文化的发展脉络建立如姜太公垂钓卫河、比干剖心、围魏救赵、张良刺秦、曹操火烧乌巢、岳飞抗金等几个不同的主题区域。每个区域有不同的朝代风格和历史主题元素，根据历史典故构建故事场景，营造古代文明环境与氛围，园内的工作人员也穿着相应的历史服饰，让游客在主题区域内通过参观陈列、观赏演出等方式穿越时空，感受牧野文化。

（四）全媒体联动，持续扩大牧野文化节的影响力

在牧野文化节的宣传和品牌推广方面，要充分运用全媒体整合的方式，在文化节筹备阶段就通过报刊、电台、电视台、主流网站、“两微一端”、户外广告等进行全面预热、推广。

由于许多新一代的青少年对牧野文化并不了解，所以从根源上还是要向受众多普及牧野文化知识，让他们了解、喜爱牧野文化。各媒体应充分发挥自身传播优势，扬长避短，全方位、多形式立体宣传，实现宣传效果的最大化。传统媒体要与新媒体充分合作，形成全媒体宣传矩阵，在宣传中融入创意，产生新意，如通过VR交互的浸入式H5网页制作，让游客在网上虚拟游比干庙、潞王陵等景区。

在牧野文化节举办期间，也要积极融合各媒体力量进行持续宣传报道，不断扩大牧野文化节的品牌影响力。

（五）开发特色纪念产品

特色纪念品将传统和现代相结合、个性化和实用性相结合，透过种类繁多的

各式小物件传递深厚的文化底蕴。近年来，故宫旅游纪念品在网络上圈粉无数，口红上贴的故宫纸胶带、行李箱上的“奉旨旅行”行李牌……一波波文创旅游纪念品在网络上掀起热潮。2018 年故宫日历、红包、春联、宫灯礼盒的推出更是受到社会的广泛赞誉。在故宫博物院出版旗舰店月销量达到 27 000 多件。台北故宫博物院推出的纪念品更是颇具创意，如“朕知道了”纸胶带、“翠玉白菜”的胡椒罐等，精心的设计让大量游客萌生出购买欲望。

牧野文化节举办期间，可以配合每年主题推出一系列周边纪念产品供游客挑选。纪念品作为展示牧野文化的主要载体，不仅可以作为一项创收手段，带来巨大的经济效益，还能起到宣传牧野文化的作用。纪念品的种类可以从工艺品、新乡地区特产、生活实用品等常见类型中选择，具体设计方面需注意以下几点。

（1）展现牧野文化精神。纪念品的开发首先要以弘扬牧野文化精神为基本理念，使人们透过纪念品感受到浓郁的牧野文化氛围，在每次看到纪念品时都能回想起参加牧野文化节带给他们的美好感受。

（2）原创环保。在设计牧野文化节相关纪念品时要围绕牧野地区的地域文化特色进行设计，并且要紧跟时代潮流。要从生活中提取精华，创造主题，从传统中提炼出精髓，再加入现代元素，体现出新的感觉。

（3）包装设计精巧。纪念品设计完成之后，还需要考虑包装的设计。好的包装可以增添纪念品的美观性和档次，因此还要注意包装设计的整体风格要大气，和牧野文化节的整体风格相统一。

另外，在纪念品的销售方面，不能单单依靠文化节举办这一小段时间的现场销售。要想延续文化节的热度，不断延续牧野文化精神，还需要依托网络平台进行销售。如在淘宝、京东等电商平台开设牧野文化商品旗舰店，再通过全媒体合力宣传，打通销售渠道。

（六）文化节与旅游产业相结合，扩展参与人数，扩大影响范围

牧野文化节举办期间，还可以结合旅游产业，开发设计出一些具有特色的旅游项目，依托深厚的牧野文化内涵打造旅游品牌。

1. 寻根文化游

相传比干在商纣王时期担任少师（丞相）一职，忠正敢言、刚正不阿。商纣王昏庸无道，比干由于向商纣王进谏忠言而被商纣王剖心杀死。他的夫人陈氏为

了躲避官兵追杀，逃难于长林石室中。后生一子名坚，因生于长林被周武王赐姓为林，林氏人尊其为受姓始祖。如今，林氏作为南方第二大姓氏，多分布在福建、广东、台湾等地。早在北魏、唐、宋、元、明、清时期，就有多位皇帝和著名官员、文人学士前来比干庙吊祭比干。由于比干是亘古谏臣，又是林氏始祖，还是民间信奉的文曲星、文财神，拥有最广泛的群众基础，很难不被后人敬仰。如今的比干庙景区里，随处可见林氏宗亲捐建的建筑，如从福建运来的比干雕像、妈祖像，台湾世林总会捐建的世界林氏文物纪念馆等。

寻根祭祖是增强民族凝聚力的重要文化活动，对传承中华传统文化有巨大的推动作用。在牧野文化节举办期间，当地政府要利用好这一强大的“根文化”资源，感召海内外林氏后人和敬仰比干的游客前来比干庙拜祖寻根，并拉动周边潞王陵、白云寺等人文景区的旅游发展，以文化带动新乡地区的经济发展。

2. 太行山水游

新乡南太行旅游度假区面积268万平方公里，包括天界山、八里沟、万仙山、关山、九莲山、秋沟、齐王寨、白云寺、百泉等九个景区，为国家4A级景区、国家森林公园、国家攀岩公园、国家地质公园、国家猕猴自然保护区、国家重点文物保护单位。旅游区集北方山水之精华，重峦叠嶂、雄伟秀丽，蔚为壮观。

新乡地区虽然自然景观旅游资源丰富，但各景区之间缺乏资源和品牌整合，旅游营销推广效果不明显，在国内旅游市场中没有产生太大的影响力。因此，可以借助牧野文化节举办的契机大力推广“南太行旅游度假区”品牌，吸引更多游客前来旅游消费，将南太行旅游线路衍生成为牧野文化节期间的主力休闲游活动，合力扩大牧野文化节的影响力。

第六章　建构牧野文化全媒体传播机制的意义

第一节　传承牧野文明，繁荣文化发展

传统文化是一个民族在历史中形成、积淀的，是带有鲜明个性特征和稳定性特征的精神文明形态、物质文明形态和行为文明形态。

传统文化的发展累积了中华民族最宝贵的精神财富，凝聚了自强不息的奋斗精神，是建设社会主义的基础文化之一，是中华民族最宝贵的精神支柱之一。社会主义的发展，必须以优秀文化为发展基础，从而全面推动社会主义发展，提高全民道德素质，凝聚民族精神，全面提高国家的综合实力。

一、弘扬中华民族精神，全面提高中华民族的凝聚力与向心力

中国传统文化在社会意识中占据重要地位。维护民族利益是中国传统文化最高文明的体现，也是中华民族发展的最大动力。针对时代发展的特色，必须弘扬时代精神，全面提升民族自信心，激发人们的爱国情怀，这样有助于增强民族的凝聚力与向心力，从而促进中华民族的发展。

可以说，一个有文化底蕴的民族不会被历史淘汰，越是有文化底蕴的民族其文化会越繁盛地发展。富有文化底蕴的民族文化，才会被世界认可。中国传统文化历经五千多年历史沉淀，不仅包含文化精髓，也包括民风民俗。随着传播方式的完善，中国传统文化会越来越广泛地被世界知晓。

文化的发展与历史的发展是不一样的，传统文化的发展融入了民族文化理念。中国的儒家思想、陶瓷、百家论道以及茶艺等都被各国学者不断地研究与探讨。在中国传统文化的发展过程中，受到不断变化的政治局势的影响，我国传统文化一度面临着发展缓慢的状况。与我们所理解的消失不一样，传统文化是不可以恢复的，也是不可以重建的。只有全面提高全民族凝聚力才可以促进传统文化的整体发展。

二、弘扬中国传统文化精髓，有助于社会主义文明的建设

在建设中国特色社会主义的道路上，弘扬中国优秀传统文化，不仅体现在治国的理念上，同时也体现在改革开放以来我国一系列发展政策的制定上，比如，“以公有制为主体、多种所有制经济共同发展”的基本经济制度等。可以说，自从改革开放以来，我们国家就坚持社会主义市场经济体制，促使国家走上繁荣富强的道路，同时建立明确的和谐社会的发展目标。

结合时代发展的背景，构建和谐社会必须赋予中国传统文化更深刻的内涵。其中，所谓的社会主义和谐社会主要包括人与自然、人与人以及人与社会的和谐、相互协调，同时这也是全面建成小康社会过程中的重要表现。弘扬中国传统文化是社会主义精神文明建设的重要内容。其中“舍生取义”成为中国传统文化中的道德典范，帮助人们解决社会发展中的道德取舍问题，同时，这也在一定程度上帮助人们遏制个人主义、享乐主义、拜金主义等不良之风。弘扬传统文化精髓，有助于指导人生，促使人们找到属于自己的人生价值。

在时代的发展中，也正是因为中国传统文化中“和文化”理念的存在，才会促使更多人看到中国为倡导世界和平所付出的努力。在时代的发展中，和谐发展是全世界人民共同的愿望。而在接下来的发展中，只有大力弘扬“和文化”，才可以有效推动社会健康有序发展，促进世界和平发展。

习近平提出：“坚定文化自信，推动社会主义文化繁荣兴盛。”他指出：“中国特色社会主义文化，源自于中华民族五千多年文明历史所孕育的中华优秀传统文化，熔铸于党领导人民在革命、建设、改革中创造的革命文化和社会主义先进文化，植根于中国特色社会主义伟大实践。发展中国特色社会主义文化，就是以马克思主义为指导，坚守中华文化立场，立足当代中国现实，结合当今时代条件，发展面向现代化、面向世界、面向未来的，民族的科学的大众的社会主义文化，推动社会主义精神文明和物质文明协调发展。要坚持为人民服务、为社会主义服务，坚持百花齐放、百家争鸣，坚持创造性转化、创新性发展，不断铸就中华文化新辉煌。”①

2018 年 3 月 20 日，习近平在第十三届全国人民代表大会第一次会议上的讲话中提出：“我们要以更大的力度、更实的措施加快建设社会主义文化强国，培

① 习近平. 决胜全面建成小康社会 夺取新时代中国特色社会主义伟大胜利——在中国共产党第十九次全国代表大会上的报告. http://www.gov.cn/zhuanti/2017-10/27/content_5234876.htm. 2017-10-18[2021-03-04].

育和践行社会主义核心价值观，推动中华优秀传统文化创造性转化、创新性发展，让中华文明的影响力、凝聚力、感召力更加充分地展示出来。”[①]

形成牧野文化全媒体传播格局的最直接意义就是对牧野文化的传承，这也是贯穿传播的社会功能研究始终的。而一个地区的发展必须以传承文化为基础，而不是摒弃以前的文化，这样才能形成更先进的文明。

牧野文化是新乡地区引以为豪的历史，是新乡发展的见证，是新乡这座城市成长的印记。一座城市的文化形成城市的品格，是城市发展的精神内核，有了文化城市才有灵魂，才有能深深吸引人的内涵。在全媒体时代，移动互联网和自媒体的发展为牧野文化的传承带来了无限的机遇：从传播者看，能够有更多的传播者自主地进行牧野文化信息的传递；从传播内容看，更加多种多样的内容能够被生产出来以适应受众个性化的需求；从传播媒介看，各式各样的媒体和传播技术能够接触到最合适、最广泛的受众。我们要紧紧抓住全媒体时代带来的契机，更好地弘扬牧野文化，将牧野文化的精髓渗透在新乡的经济社会发展中，塑造出牧野地区独特的文化品性。

第二节　壮大文化产业，促进地方经济

一、文化产业的定义和特征

联合国教科文组织曾将文化产业定义为系列化、标准化、生产过程分工细化和消费大众化的并且由工业化生产过程生产的产品或者服务。中国国家文化产业创新与发展研究基地办公室主任胡惠林定义文化产业为：“一个以精神产品的生产、交换和消费为主要特征的产业系统，是一个涵盖包括文化艺术业、新闻出版业、广播电视业、电影业、音像制品业、娱乐业、版权业和演出业在内的庞大体系。”（胡惠林，2015：28）

文化产业具有以下特征。

（1）产业属性和意识形态属性。文化产业把报纸杂志、电影电视、绘画音乐等文化产品推向市场，使文化产品从生产、交换到消费等各个流程都具备商品属

① 习近平. 在第十三届全国人民代表大会第一次会议上的讲话. http://www.xinhuanet.com/politics/leaders/2020-05/15/c_1125989644.htm. 2020-05-15[2021-03-04].

性。和其他物质生产行为一样，文化产业也追求利润的最大化，试图最大限度地占领文化市场。但由于文化产业生产的是精神产品，所以它又不完全等同于一般的物质生产部门，文化产品的生产过程反映了创作者的世界观和价值观，因此文化产业还具有意识形态属性。这种意识形态通过文化产品传达给受众，起到了传递社会价值取向和阶级思想的作用。

（2）社会价值和经济价值。除了一般商品具备的价值和使用价值之外，文化产品还具有社会价值和经济价值，二者相互统一。文化产品的社会价值是使用价值实现的前提，经济价值是社会价值实现的保障。在二者发生矛盾的时候，需要把社会价值放在第一位，这一点是文化产品区别于一般产品的主要特点。

（3）文化产业的原创属性。文化产业属于创意产业，创新是文化产业的最主要特征。文化生产是创造性的文化创新活动，其本质在于无限的创新和创意，文化产品具有不可重复、不可替代的特点。每一个文化产品都是创作者智慧和思想的结晶，必须不断汲取新鲜血液，保持旺盛的创造力，不断推陈出新，保持产业持续发展的生机与活力。这也是文化产业的另一特征。

二、中国文化产业的发展历程

我国历史悠久，文化资源丰富。文化产业的发展是伴随着市场经济转型和文化体制改革而开展的，大体经历了以下四个阶段。

（一）第一阶段：起步期（1978～1985 年）

这一阶段因为还处于改革开放初期，“文化产业”的概念并未为人们所熟知。1979 年 10 月，邓小平在中国文学艺术工作者第四次代表大会上提出了“文艺为人民服务、为社会主义服务”的方针，文化事业开始复苏。1985 年，国务院转发国家统计局《关于建立第三产业统计的报告》，把文化艺术作为第三产业的一个组成部分列入了国民生产统计项目中，正式肯定了文化艺术的“产业”性质。这一时期我国文化领域开始复苏，人们的意识也逐渐摆脱僵化状态，文化市场的意识逐渐开始萌芽。

（二）第二阶段：扩展期（1985～1992 年）

这一阶段的主要特点是文化领域的改革逐渐加速，文化的市场地位受到广泛认可，“文化经济”的概念也正式提出。1988 年，文化部、国家工商局联合发布了《关于加强文化市场管理工作的通知》，这个具有里程碑意义的重要文件，对文化市场的范围、管理原则和管理内容等做了明确界定，并首次详细表述了“文化市场”的概念，这标志着我国对文化市场的正式认可。1989 年，国务院批准在文化部设立文化市场管理局，全国文化市场管理体系建立。1991 年，国务院批准《文化部关于文化事业若干经济政策意见的报告》，正式提出了“文化经济”的概念。

（三）第三阶段：深化期（1992～2002 年）

这一阶段是“文化产业”概念形成的重要阶段，对我国文化产业的形成与发展有着至关重要的意义。

1992 年，党的十四大报告提出，积极推进文化体制改革，完善文化事业的有关经济政策，繁荣社会主义文化。这是我国文化产业发展的重要里程碑，在其影响下，文化体制改革的步伐明显加快。1996 年，党的十四届六中全会通过了《中共中央关于加强社会主义精神文明建设若干重要问题的决议》，进一步明确了文化体制改革的任务和方针，文化事业开始逐步向社会放开。2000 年，中共中央《关于制定国民经济和社会发展第十个五年计划的建议》中正式提出了“文化产业”的概念，强调要完善文化产业政策，加强文化市场建设和管理。2002 年，党的十六大报告中第一次将文化区分为文化事业和文化产业两部分，充分肯定了文化产业的意义。这意味着文化产业终于从文化事业中分离出来，文化产业的深化发展取得了实质性进展。

（四）第四阶段：加速期（2003 年至今）

这一时期，“文化产业”的概念进一步细化，开始进入快速发展的关键时期。2003 年 9 月，文化部制定了《关于支持和促进文化产业发展的若干意见》，对文化产业做了界定。2009 年，《文化产业振兴规划》中将文化产业上升为国家战略性产业。2010 年，“十二五”规划中指出要将文化产业发展成为国民经济支柱产业。2012 年，党的十八大的召开，彰显了党和政府大力发展文化产业的信心和决心。2014 年 8 月，文化部、财务部印发了《关于推动特色文化产业发展的指导意见》，使文化产业与国家总体发展战略越发紧密地结合起来。

三、地方文化产业

地方文化产业是以地方文化为基础的产业形式，具有地域性、历史性、生活性、独特性和有经济价值等特征。第一，地域性是地方文化产业的最主要特征。从历史发展来看，由于交通和通信技术的落后，不同的地区之间来往甚少，因此在不同地理空间中形成了差异很大的生产生活方式。第二，由于区域文化的差异性存在，每个地区的文化都呈现出独特的审美形态。第三，文化一般是在历史的长河中逐渐发展形成的。第四，生活是文化的载体，地域文化中体现着生活的方方面面，如饮食文化、婚丧嫁娶文化、服饰文化等。第五，文化的经济价值强调的是地域文化在地方经济发展方面起到的作用。文化商品和其他商品一样可供市场交易，经济环境也对文化的发展具有重要的影响。

一般情况下，地方文化产业主要分为以下几个方面。

（1）传统地方文化产业。传统地方文化产业是指在一定区域内经过长时间孕育出来的自然环境与社会文化资源，如文物资源、遗迹遗址、传统民俗、乡土文化、传统民俗活动等。传统地方文化产业的根本目的是地方传统文化的可持续健康发展。地方文化产业可以将传统文化的魅力传播开来，使其实现产业化健康发展，成为弘扬地方品牌、吸引外来资金注入、促进区域经济发展的有效手段之一。

（2）地方文化活动产业。地方文化活动产业以地方文化活动为主体，分为传统地方文化活动和现代地方文化活动，包含了地方民俗活动、文化庆典、文化博览会等。这已成为提升地方居民文化素养、地方经济发展的主要动力。

（3）地方旅游文化产业。地方旅游文化产业依靠地方自然、文化资源，满足旅游者的参观、学习、游玩需求，满足在此过程中的一切食、宿、行、游、购、娱等物质和精神需求。旅游业对区域经济发展有着强有力的推动作用。

四、地方文化产业对地方经济的促进作用

（一）地方文化产业与地方消费经济

地方文化产业越来越成为地方消费经济发展的重要推动力量。中国地方文化的博大精深体现在地方乡土文化遗存的多样性上，包括物质和非物质文化遗产。地方文化是地方历史发展的积淀，是当地居民得以繁衍和发展的精神寄托，是故

乡情结的真正动因。地方文化根植于民众的思想和血液中，是同乡同族之间交流无声的语言。此外，地方文化不仅对故土居民具有强大的吸引力，对外界社会依然具有很大的感召力。随着人们价值追求的多元化，到异域旅游，感受异乡文化成了一种时尚。目前全国各地流行的农家乐和乡土体验项目越来越受到追捧。地方文化的强大吸引力和市场经济结合到一起时便产生了无限的经济效应，文化消费将成为地方经济发展的重要推动力量之一。随着居民生活条件的改善，越来越多的居民选择到具有丰富文化积淀的景点观光和消费。文化旅游产业中的食、宿、行、游、购、娱等要素都可以将地方文化的经济价值植入其中，从而通过文化消费带动生产和就业的扩大，在此基础上推动经济的发展。

地方文化产业是基于地方文化资源优势发展起来的新型产业类型，其特有的历史内涵、民风习俗、传统工艺、人文风景成为地方文化产业的核心价值和无形资产。古镇周庄依靠其悠久的历史和丰富的文化底蕴每年吸引着 300 万以上人次的旅游观光，打田财、摇快船、阿婆茶和万三蹄等成了周庄的特色，而沈厅、张厅、迷楼、叶楚伧故居、澄虚道院、全福寺等名胜古迹则反映了周庄的历史文化底蕴，游客很多都是慕名而来，餐饮住宿的经营和文化纪念品的生产销售就成了周庄的重要收入来源，全镇平均每两户居民中就有一人从事与文化旅游相关的产业。文化旅游成了农民增收的重要渠道。

（二）地方文化产业与地方经济结构

我国的经济发展越来越多地受到环境和资源的限制，传统靠投资和产品生产拉动经济发展的增长模式使得我国社会生产的可持续发展受到了越来越大的挑战。资源的相对不足已经成为制约经济和社会发展的一个突出问题。一般而言，第二产业被看成是可通过能源供给对现有资源进行加工生产的产业类型，价值的创造直接依赖于能源和资源的使用。这种增长模式对资源和能源并非充裕的我国来说，具有相当大的挑战。

地方的文化产业可以看作是地方消费经济的重要组成部分，是高附加值、高技术含量、低能耗、少污染的新型绿色产业，对建设资源节约型和环境友好型社会具有重大意义。发展文化产业，完全符合中国建设资源节约型社会的国情需要。

此外，地方文化产业作为服务业的重要组成部分，其主要的特征之一是依然属于劳动密集型产业。产业的发展需要大量的从业人员，这恰好符合我国人口多的国情。再者，从区域发展角度看，广大的中西部地区是我国古代历史文化的重要发源地，在改革开放政策的影响下，中西部地区和东部地区的发展差距逐步扩大。在这种情况下，发掘中西部历史文化积淀，促进地区文化产业发展有利于拉动当地就业和均衡我国东西部之间的区域发展。

（三）地方文化产业与地方品牌

文化产业与城市发展之间是一种双向推动的关系。文化产业以其巨大的产业附加值及其相关产业的带动作用，使整个城市增值，并以巨额利润吸引越来越多的投资者；而它所催生的城市新环境，又加快了城市人流、物流、资金流和信息流的流动速度，从而大大提升了现代城市的集聚和扩散功能。那么文化产业在自身实现新的跨越发展的同时，既成为城市流量的加速器、城市经济的重要组成部分，也在其中构建了意义交换和流动不可或缺的平台。

从某种程度上讲，文化既是产品又是地方品牌。鲁酒、川菜、金华火腿、瑞士表、德国车、法国葡萄酒等同时具备两种属性。这种带有地方文化色彩的产品品牌已经内化到消费者的心智中。昆山市巴城镇在农业产业结构调整过程中，努力发展“大闸蟹经济”，将养殖、销售和品牌推广融为一体，形成以养蟹、卖蟹、吃蟹为载体的房地产业和以吃蟹、买蟹为主要内容的旅游业。以大闸蟹打响的地方品牌，成为拉动巴城镇相关经济发展的一项重要措施。如今阳澄湖大闸蟹已经成为巴城镇的一张文化名片，在地方社会经济发展中起到了至关重要的作用。

五、牧野文化与新乡区域经济发展

近年来，随着中国经济发展方式逐渐从规模速度型增长转向质量效率型增长，文化产业正在成为新常态下经济发展的新引擎。根据国家统计局发布的数据，文化产业在国民经济发展中的地位在不断提高，对经济的拉动作用在不断增强，尤其在经济发展面临下行压力、文化产业的总量和基数都明显扩大的前提下，其增长速度仍然保持了高于全行业国民经济增长速度的水平，并实现了“双突破”，展现出文化产业在经济动能换挡时期所蕴藏的巨大潜力①。

---

① 康琼艳. 文化产业还要多久成支柱. http://culture.people.com.cn/n1/2017/0529/c1013-29306419.html. 2017-05-29 [2021-03-04].

在国家大方向的指引下，地方文化产业也在推动地方经济快速发展方面做出了巨大贡献。牧野文化是新乡地区文化产业的重要组成部分，对于繁荣新乡文化产业具有积极的意义。文化产业在国民经济中的地位日渐上升，也是国家目前大力支持的产业，对地方经济的可持续发展起着重要的作用。一方面，通过外地游客的参与，能提高当地食宿企业的接待量；另一方面，利用文化节的影响力和品牌效应可以招商引资，有利于优化区域经济结构，促进区域经济有序发展。

可见，文化的传播范围与影响力的扩大与经济的发展是共生共荣的关系。一方面，文化的吸引力可以为当地带来更多外来投资和经济发展的机会；另一方面，文化本身就能形成完善的产业链，优化城市产业结构，促进城市的可持续发展。一个城市文化特色的形成也许需要很长时间，但它对城市发展带来的持续性的益处是可以代代共享的。

第三节　塑造城市形象，打造区域名片

一、城市形象的定义

“城市形象”一词是“城市”和“形象”的有机组合。“城市”一词在《现代汉语词典》第 7 版中的释义为“人口集中、工商业发达、居民以非农业人口为主的地区，通常是周围地区的政治、经济、文化中心”。“形象”一词在《辞海》中的定义为事物的“形状相貌”，它是具有一定思想内容和审美意义的、生动的对象。因此，一方面，它指某事物的实体，是具有实际形态的、可感知的具体形象；另一方面，它是表达现实的一种手段，是对具体事物的包装处理。

“城市形象”一词最早出现于美国学者凯文·林奇在《城市意象》一书中的释义。书中提出了“城市意象”的概念，认为城市形象是城市内显性和隐性构成要素之间相互作用及其在社会沟通下产生的互动的机能表现形式，是公众对城市的总体评价和认知，包括了表达城市的结构、个性和意蕴的理念形象、行为形象、视觉形象等，是一种“公众意象”（凯文·林奇，2017）。

据此，城市形象就是指城市中事物的表象特征和外部形态特点。它包括城市一切复杂多变的表象特征，以及透过这些表象所能感受到的特定精神内涵。它既可以包含作为实体存在的物质文化内容，又可以反映城市的精神文化。

二、城市形象的内涵与功能

（一）城市形象的内涵

目前，对城市形象的内涵和外延并没有一个统一的认识。从心理学的角度来看，形象就是人们通过视觉、听觉、触觉、味觉等各种感觉器官在大脑中形成的关于某种事物的整体印象，简而言之就是知觉，即各种感觉的再现。本书认为，城市形象是社会公众对一座城市能够被感知的所有要素的整体印象和综合评价。是城市状况的综合反映。

对城市形象概念的理解必须把握以下几个方面。

第一，城市形象不是城市本身，而是人们对城市的感知或印象，不同的人对同一城市的感知或印象不会完全相同。人们对城市形象的认识受到意识和认知过程的影响，具有主观能动性。城市形象的形成如同照镜子，同样一个城市（人），在不同的受众（镜子）面前可以呈现出不同的形象。从这一点上说，城市形象塑造及传播中必须同时关注城市和公众，方能把握“镜中像”。城市形象是基于社会公众的整体认知，与某些个体公众对城市的认知与态度并不一定相符。城市形象的好与坏不能一概而论，多数人认为某个城市形象很好时，可能另有一些人感到很差。因此，在对城市形象的认知和评价上，应当把握矛盾的主要方面，从总体上认识和把握城市形象。

第二，城市形象构成要素很多，公众不可能顾及城市形象要素的方方面面。一些核心要素决定了人们对城市形象的总体评价。也就是说，能被公众感知的要素其实数量是有限的，城市形象塑造及传播的关键在于对这些能够被受众感知的要素的管理。如果不能有效区分影响城市形象形成的关键要素，必将导致城市形象建设和管理工作范围无限扩大，令城市形象塑造及传播工作的有效性大打折扣。通过梳理能被受众感知的、影响城市形象形成的关键要素，可以使城市形象构建工作重点突出，主次分明。

第三，城市形象并不是与生俱来的，良好的城市形象源于科学的管理。城市形象构建与企业形象构建在原理上并无二致。城市形象受制于城市的软硬件基础（政治、经济、科技、文化等），从某种意义上说，这是良好城市形象的基础，是根本，扎实做好城市形象内功建设固然重要，但是如果缺乏有效的传播，城市形象可能落入有实无名的尴尬境地。

（二）城市形象的功能

城市形象是一座城市的内在历史底蕴和外在品位特征的综合表现，是城市综合竞争力的集中体现，整体说来，城市形象对城市建设与发展具有重要意义。

对内而言，良好的城市形象能够激发市民热爱城市、建设城市、美化城市的热情，使城市与市民形成良性互动，从而推动城市经济社会和谐发展。城市一旦在社会上有较大的正面影响，也会提高内部公众的凝聚力和自豪感，使其热爱自己的城市并自觉投入维护和提升城市形象的行动中去，从而使城市的良好形象得以进一步巩固和发展。

对外而言，良好的城市形象能够迅速提高城市的知名度、美誉度，改善投资环境，增强城市的吸引力，促进招商引资及人才和其他优势资源的聚集，形成推动城市前进的巨大力量。

当下，在绝大多数的城市中，原来高高的围墙被拆除了，狭窄的马路被拓宽了，破旧的房屋被推倒了，在大部分大一点的城市都可以看到宽敞的马路、林立的高楼大厦、已经建成或正在兴建的大型广场，等等，甚至在看不同城市的标志性建筑物时，也有点似曾相识的感觉。城市，长得越来越像了。不断地互相模仿甚至是抄袭，使得城市间的同质化程度越来越高，仅仅从城市外观上来看，城市与城市已经越来越难以识别了。

在这一形势下，打造城市形象显得越发重要。城市景观容易被抄袭和模仿，但是城市印刻在公众心目中的形象往往是独一无二的，作为城市宝贵的无形资产，良好的城市形象为城市带来关注度，使城市不会在成百上千几乎一模一样的城市中“销声匿迹”，更重要的是，良好的城市形象也可为城市居民带来幸福感与满足感。

三、地域文化与城市形象的塑造

一座城市的地域特色与文化特质，是在上百年乃至更长的时间内长期积淀而成的。当今大量城市在进行经济建设的过程中急功近利，片面追求经济上的赶超，使很多城市的老旧建筑纷纷遭到破坏，古朴文化遭到摒弃。很多城市在视觉上放眼望去同样是高楼大厦林立、现代气息浓郁，但差异性很小，很难给人留下鲜明的印象。这是文化的悲哀，也是城市的悲哀。

地域文化资源是一个城市文化品位的重要表现，是一个城市文化个性的生动体现，也是一个城市（特别是中国城市）成为文化名城最独特的文化优势。

历史文化名城之所以令人神往，皆因为其独有的历史文化积淀和因这一积淀而形成的个性特色。历史文化名城除了具备一般城市的共性以外，由于发展条件所起作用的不同，以及一些特殊因素的影响，在其发展过程中又比较强烈地表现出一些特殊性质来，因此它们比一般城市具有更高、更突出的历史文化价值，城市结构、城市形态和内在气质都有自己鲜明的特点。这种个性特色源于地缘、环境、历史和传统，是城市过去和现在的浓缩，是物质实体和社会文化的提炼。可以说，人文历史景观是城市极具活力的视觉要素，是构成城市视觉形象的精神和灵魂。因此，在城市形象的塑造过程中，除地缘识别外，一座城市的历史、文化、风俗、民族等人文状况，是城市个性中最重要的因素，我们应当将其作为一个独立的识别系统提出来，即人文识别。人文识别是一个城市最持久、最具资源潜力和最有文化人类学意义的识别系统。当我们谈到城市的人文识别时，必须注意历时性和共时性两个方面。城市的历史、文化、风俗、民族等是长期沉积的结果，是历时性的遗产，而当代城市人的现实生活必须与历时性的人文遗产共存，这就是城市的一种共时性状况。当我们推广城市的人文识别时，则以历时性的人文特征为主。事实上，今天的所谓历史文化名城就是以历时性的人文特征来命名的。

城市是文化的载体，综合反映着各个方面的成就。历史文化名城沉积了丰厚的历史文化遗存与结晶，很容易形成独特的城市特色。平遥古城是中国境内迄今保存最为完整的一座明清时期的中国古代县城的原型。这座城市是由完整的城墙和街巷、店铺、庙宇、民居组成的大型古建筑群，是中华大地上的瑰宝。联合国教科文组织世界遗产委员会对它做出了高度评价："平遥古城是中国汉民族城市在明清时期的杰出范例，古城保存了其所有特征，而且在中国历史的发展中为人们展示了一幅非同寻常的文化、社会、经济及宗教发展的完整画卷。"[①]

城市历史文化保护工作的发端源自国际社会，如早起1630年瑞典国家保护古建筑的专门机构，近至1933年的《雅典宪章》、1964年的《威尼斯宪章》、1976年的《内罗毕建议》、1978年的《华盛顿宪章》等国际性保护文件。人们通过不断摸索、不断探求逐步前进，将保护工作推向一个又一个高潮。《威尼斯宪章》是关于保护文物建筑的第一个国际宪章，是国际历史文化遗产保护发展中的一个重要里程碑，同时也表明已经形成世界范围内的共识。

---

① 平遥古城：汉民族城市在明清时期的杰出范例 http://news.163.com/2004w06/12579/2004w06_1086849782364.html. 2004-06-10[2021-03-04].

1976 年联合国教科文组织大会第十九届会议在内罗毕通过了《关于历史地区的保护及其当代作用的建议》，简称《内罗毕建议》。文件在“注意到整个世界在扩展和现代化的借口之下，拆毁不合理、不适当重建工程正给这一历史遗产（历史街区）带来严重的损害”的背景下，明确指出了保护历史街区在社会方面、历史和实用方面的普遍价值。文件还明确指出了在历史街区保护工作的立法及行政、技术、经济和社会等方面应采取的措施。这次会议还将世界各国的历史环境问题归纳为以下五个共同观点：①历史环境是人类日常生活环境的一部分；②历史环境是过去存在的表现；③历史环境给我们的生活带来多样性；④历史环境能将文化、宗教、社会活动的丰富性和多样性最准确如实地传给后人；⑤保护、保存历史环境与现代生活的统一，是城市规划、国土开发方面的基本要素。

关于历史地区保护的内容，文件指出包括以下五点：①地段和街道的格局和空间形式；②建筑物和绿化、旷地的空间关系；③历史性建筑的内外面貌，包括体量、形式、风格、材料、色彩及装饰等；④地段与周围环境的关系，包括自然的和人工的环境关系；⑤地段在历史上的功能作用。

文件提出要保持历史城市的地区活力，适应现代生活之需求，解决保护与现代生活等方面问题，指出：要寻求促进这一地区私人生活和社会生活的协调方法，并鼓励对这些文化财产的保护，这些文化财产无论其等级多低，均构成人类的记忆；“保护历史城镇与地区”意味着对这种地区的保护、保存、修复、发展，以及和谐地适应现代生活所需采取的各种步骤；新的功能和作用应该与历史地区的特征相适应。

可见，随着人类文明的发展，由保护可供人们欣赏的艺术品，保护各种作为社会、文化发展的历史建筑与环境，进而保护与人们当前生活休戚相关的历史各地区乃至整个城市；由保护物质实体发展到非物质形态的城市传统文化——愈加深广、复杂的保护领域。

一个城市的历史环境代表了该城市的价值和文明的价值。文化遗迹，是一座城市的文化起点，也是一座城市的文脉，是一种无法再生的文化资本与资源。经济有落还会有起，但城市的文脉断了就很难恢复。一个无视历史文脉的继承和发展、文化含量和文化品位不高的城市是没有生命力的。当前，城市之间的竞争已经从单纯的经济竞争转为了包括城市形象在内的复合竞争，一个城市的文化、生态、环境等因素都是人们认识城市、评判城市的重要标准，因此城市形象已经成了城市发展的重心。城市形象建设旨在提升城市的综合实力，塑造深厚的文化氛围和良好的城市形象，使其对外具有知名度、感召力，对内具有凝聚力、推动力，地域文化也由此彰显出全新的活力。

四、牧野文化与新乡城市形象建构

新乡属于三、四线城市，出了河南可能很多人都不知道中国还有“新乡”这个城市，而外省人对河南也持有一种刻板印象，弘扬新乡地区独有的牧野文化无疑是提升新乡知名度和城市形象的最佳路径。通过对历史事件、人物、古迹、民间传说等的深入挖掘，通过新闻报道、影视剧、微电影、歌曲等形式将这些智慧和精神传诵出去，为塑造新乡的良好城市形象增光添彩，使新乡成为豫北城市乃至河南省的一张名片。

新乡历史厚重深沉，在打造新乡城市形象时，可从历史名人、历史事件、名优特产等方面入手，从中筛选出最具亮点的人、事、物，要在全体市民中广泛宣传，由市民参与，专家评选，推出在新乡最具代表性的历史名人、重要事件、名优特产。实际上这类评选是文化品牌的延伸和扩展，新乡要在此基础上确定对外宣传和旅游推介的重点，深化牧野文化，并确定新乡对外宣传工作的战略框架，丰富新乡人民的文化生活。

在社会主义现代化的建设过程中，新乡涌现了以史来贺、吴金印、郑永和、张荣锁、裴春亮、徐洪刚等为代表的大量英模人物，他们成为时代的楷模。其中有农村党支部书记的好榜样史来贺。他是新乡县七里营镇刘庄村党委书记，带领刘庄人民由贫困落后步入“小康”行列。他多次受到党和国家领导人的接见，成为全国人民尤其是共产党员学习的榜样。此外，还有卫辉市唐庄镇党委书记“太行公仆”吴金印；带领辉县人民战天斗地的原辉县县委书记郑永和；带领全村人改变山区贫穷面貌的辉县市上八里镇回龙村党支部书记张荣锁；“最美奋斗者”裴春亮；驻新某部班长，见义勇为的英雄徐洪刚。这些英模人物，在新中国的历史上留下了灿烂的篇章，他们在新乡大地的英雄壮举，不仅为新乡人民争了光，也成为永远值得人们铭记的精神财富。

总之，文化品牌的选择是城市发展的必然，新乡要打“牧野文化”这张牌，并采取更多的举措打响牧野文化品牌，使新乡在全面建成小康社会的过程中取得更大的进步。文化需要传递，文明需要延续，全媒体时代为文化的传播和文明的扩散提供了新的契机，我们要充分把握时代带来的机遇，不断探索新的方法，将牧野文化的历史内涵内化于新乡城市的发展与建设，使牧野大地的文明得以真正传承。